하나님께 인정받는 사역자

Approved Unto God

This edition 1997 by Oswald Chambers Publications Assn., Ltd.
Published by special arrangement with Discovery House Publishers,
3000 Kraft Avenue SE, Grand Rapids, Michigan 49512 USA.
All rights reserved

Korean translation copyright ⓒ 2010 by Togijangi Publishing House
2F, 71-1 Donggyo-ro. Mapogu, Seoul 04018, Korea

This Korean edition is published by arrangement with Discovery House Publishers(3000 Kraft Avenue SE, Grand Rapids, Michigan 49512 USA.)

본 저작물의 한국어판 저작권은 Discovery House Publishers 와의 독점 계약으로 한국어판권을 '도서출판 토기장이'가 소유합니다. 저작권법에 의하여 한국 내에서 보호를 받는 저작물이므로 무단 전재와 무단 복제를 금합니다.

특별한 표기가 없는 모든 성경 구절은 개역개정성경을 인용한 것입니다.

하나님께 인정받는 사역자

오스왈드 챔버스 지음 · 스데반 황 옮김

토기장이

추천의 글

철저하게 준비된
하나님의 사람이 되기 위하여!

"너는 진리의 말씀을 옳게 분별하며 부끄러울 것이 없는 일꾼으로 인정된 자로 자신을 하나님 앞에 드리기를 힘쓰라" 딤후 2:15.

이 구절은 하나님의 사역자들에게 꼭 필요한 요구 사항이 무엇인지를 말해준다. 오스왈드 챔버스가 성경대학의 총장으로서 친히 학생들에게 강의했던 하나님이 주신, 이 귀한 메시지들은 우리로 하여금 하나님의 요구 사항을 만족시킬 수 있도록 돕는다. 그의 강의에 나타난 분명한 핵심은 "하나님의 종은 설교하기 전에 그 내용을 먼저 몸소 체험해야 한다"는 것이다. 따라서 사역자는 하나님께서 그를 위해 예비한 삶의 훈련을 기꺼이 받을 준비가 되어 있어야 한다. 그는 영적으로 준비되기 위해서 바른 사고를 할 수 있는 능력을 가져야 한다고 강조하였고, 이에 따라 지적인 훈련은 영적인 훈련에 꼭 필요한 요소로 보았다. 하나님의 사역자는 하나님의 은혜 및 자신의 선택과 집중에 의해 그의 온 영과 혼과 몸이 다 함께 조화를 이루며 일할 수 있도록 해야 한다.

사역자가 지식만을 추구하는 것은 커다란 함정이 될 수 있고 경건만을 추구하는 것도 충분하지 못하다. 모든 선한 일에 철저하게 준비된 하나님의 사람이 되기 위해서는 성경이 말하는 책망과 바르게 함과 의로 교육함의 영적 훈련을 받아야 하며 또한 성경을 바르게 이해할 수 있기 위한 지적 훈련도 받아야 한다. 우리에게 충격을 주는 그의 강의들은 우리에게 어떻게 예수 그리스도의 유능한 종이 될 수 있는지, 또한 우리에게 맡겨주신 그 위대한 사역을 위해 영적인 면과 지적인 면에서 어떻게 준비해야 하는지를 알려준다.

하나님께 인정받는 사역자가 되는 일에 관심이 없다면 이 책을 읽지 말라. 그러나 진심으로 하나님께 인정받는 사역자가 되기를 원한다면 이 책은 매 페이지마다 당신에게 필요한 바로 그 지혜와 깨달음을 줄 것이다.

데이비드 램버트 1871-1961

감리교 목사이며 오스왈드 챔버스의 친구였다. 1917년부터 1961년까지 챔버스 부인을 도와 오스왈드 챔버스의 메시지들을 책으로 출간하였다.-역주

서문

「하나님께 인정받는 사역자」에 실린 강의들은 1911년부터 1915년까지 성경대학에서 설교학을 듣는 학생들을 향한 것이었다.

챔버스는 이 강의를 등록 학생들만 들을 수 있도록 하였으며 방문자나 청강생은 허락하지 않았다. 학생들의 설교 준비와 실습이 그 강의의 요구 사항이었기 때문에 챔버스는 그 과목을 듣는 모든 학생들이 똑같은 입장이기를 원했다. 따라서 빈둥대는 방관자나 쓸모없는 참견자를 허락하지 않았던 것이다. 주어진 강의들은 설교 준비와 실습에 해당하는 내용뿐 아니라 어떻게 하나님을 위한 온전한 사역자가 될 수 있는지를 전하려는 챔버스의 마음이 고스란히 담겨 있다. 강의를 듣는 학생들에게 챔버스는 다음과 같이 말하곤 했다.

"이 대학에서 하나님께서는 그분이 원하시는 대로 여러분을 깨뜨리시고 잘라내시고 다듬으십니다. 여러분은 하나님께서 왜 그렇게 하시는지 알지 못할 수도 있습니다. 주님은 오직 단 한 가지 목적 때문에 그렇게 하십니다. '이 사람이 바로 내 사람이다'라고 말할 수 있기를 원하시는 것입니다."

차례

추천의 글
서문

chapter 01   사역자란 누구인가? • 11

chapter 02   기본 자격 • 21

chapter 03   사역자의 영적인 삶 • 29

chapter 04   사역자와 말씀 • 37

chapter 05   사역의 바른 방향 • 47

chapter 06   배우는 학생이 되라! • 57

chapter 07   영적 진단, 나는 어디에 있는가? • 65

chapter 08   가장 주된 사명 • 75

chapter 09   먼저 온전한 그리스도인이 되라! • 83

chapter 10   언제든지 쓰임받기 위해 • 91

chapter 11　설교자의 의무 •99

chapter 12　설교자로서 주의할 점 •107

chapter 13　가장 중요한 것을 첫째로 하라! •115

chapter 14　복음 설교 : 우리 구원의 기원 •125

chapter 15　제자도의 십자가 •133

chapter 16　왜 설교자가 되어야 하는가? •145

chapter 17　하나님의 깊으심을 확신하라! •157

chapter 18　예수 그리스도를 따른다는 것은 무엇인가? •167

chapter 19　 하나님의 것 •175

chapter 20　주님과의 일치 •189

역자후기

chapter 1
사역자란 누구인가?

...
하나님께서 사역자를 부르실 때 먼저 그를 부수시고 깨뜨리셔서 빚기 시작하신다. 절대로 스스로 사역자가 되려하지 말라. 주님께서는 오직 한 가지 목적, 즉 "이 사람이 나의 사람이다"라고 말씀하시기 위해 그를 빚어가신다.

복음 선포

모든 사람, 온 인류를 반석 위에 심으라.

온갖 종류의 사람들 사이에서

"우리가 너희에게 신령한 것을 뿌렸은즉 너희의 육적인 것을 거두기로 과하다 하겠느냐 다른 이들도 너희에게 이런 권리를 가졌거든 하물며 우리일까보냐 그러나 우리가 이 권리를 쓰지 아니하고 범사에 참는 것은 그리스도의 복음에 아무 장애가 없게 하려 함이로다 성전의 일을 하는 이들은 성전에서 나는 것을 먹으며 제단에서 섬기는 이들은 제단과 함께 나누는 것을 너희가 알지 못하느냐 이와 같이 주께서도 복음 전하는 자들이 복음으로 말미암아 살리라 명하셨느니라 그러나 내가 이것을 하나도 쓰지 아니하였고 또 이 말을 쓰는 것은 내게 이같이 하여 달라는 것이 아니라 내가 차라리 죽을지언정 누구든지 내 자랑하는 것을 헛된 데로 돌리지 못하게 하리라"고전 9:11-15.

사역자가 가장 먼저 배워야 하는 것은 다양한 종류의 사람들 가운데서 어떻게 고결한 사람이 될 수 있는가 하는 것이다. 복음 사역자는 절대로 다음과 같은 핑계를 대서는 안 된다.

"다른 곳에 있었더라면!"

사역자가 진정한 그리스도의 증인이 될 수 있으려면 세상의 관점에서 하찮은 사람을 만나면서도 천박해지지 않고 죄성이 많은 사람들을 만나면서도 죄성에 물들지 않아야 한다.

하나님을 위한 사역자는 스스로 선택해서 되는 것이 아니다요 15:16. 하나님께서 그를 선택하셔야 한다. 많은 사람들이 하나님을 위한 사역자가 되기로 스스로 결심하고 그 길을 가지만 그들을 통해서는 하나님의 은혜나 말씀의 능력이 나타나지 않는다. 그 이유는 하나님께서 그들을 부르지 않으셨기 때문이다. 하나님의 사역자들에게는 분명한 특징이 있다. 바로 주께서 주신 사명이 있다는 점이다. 예를 들어, 모세와 사도 바울처럼 사명이 있어야 한다. 하나님의 사역자들은 하나님께서 마음껏 사용하실 수 있도록 하나님의 장중에 있어야 한다. 그러할 때 하나님께서는 그분의 증거를 통해 사람들을 주의 반석 위에 심으신다.

능력의 사건들 가운데서 가장 중요한 교리

"내가 복음을 전할지라도 자랑할 것이 없음은 내가 부득불 할 일임이라 만일 복음을 전하지 아니하면 내게 화가 있을 것이로다 내가 내 자의로 이것을 행하면 상을 얻으려니와 내가 자의로 아니한다 할지라도 나는 사명을 받았노라" 고전 9:16-17.

만일 복음에 대한 바른 지식과 애착이 없는 사람이라면 하나님께 쓰임받을 수 없다. 당신이 믿는바 가장 중요하게 여기는 것들을 기록해보라.

내가 믿는 예수 그리스도는 누구인가? 나는 죄를 무엇이라고 생각하는가? 하나님께서 죄를 해결하기 위해 무엇을 하실 수 있다고 믿는가? 인류를 향한 하나님의 목적은 무엇이라고 믿는가?

먼저 당신 자신이 가장 중심 되는 유일한 사건인 주 예수 그리스도를 만나야 한다. 그분의 죽음과 부활을 접해야 한다.

모든 그리스도인들은 복음을 증거해야 한다. 증거는 그리스도의 생명을 소유할 때 나타나는 속성이다. 그러나 복음 선포자가 되기 위해서는 하나님의 빛으시는 손에 사로잡혀야 한다. 바울의 모든 삶은 오직 한 가지를 위해 하나님께 사로잡혔다. 좌로나 우로 빠지지 않고 오직 한 가지 목표를 향해 갈 수밖에 없었는데, 그것은 바로 복음을 선포하는 것이었다. 우리 중 몇 명이나 바울처럼 하나님의 복음에 사로잡혀 있는가? '자의로' 복음을 전하는 모습은 어쩌면 오늘날 거의 대부분의 사역자들에게 해당할지 모르겠다.

그들 스스로 복음 전파자가 되었기 때문에 하나님을 향해 그토록 미지근하고 게으른 것이다. 그러나 하나님께서 나를 선택하셨을 때는 내가 대단하다는 착각에서 빠져나오게 된다.

자세

상황은 우리에게 아무런 영향을 주지 못한다.

외부적으로 압박을 가하는 것들에 대한 자세

"그런즉 내 상이 무엇이냐 내가 복음을 전할 때에 값없이 전하고 복음으로 말미암아 내게 있는 권리를 다 쓰지 아니하는 이것이로

> 모든 하나님의 종들은 평범한 사람들이지만 하나님께서 그들에게 맡기신 특별한 사명 때문에 그들은 특별한 존재가 된다. 하나님께서는 그분의 아들 예수 그리스도를 심기 원하시는 곳에 주의 사역자들을 심으신다.

다 내가 모든 사람에게서 자유로우나 스스로 모든 사람에게 종이 된 것은 더 많은 사람을 얻고자 함이라"고전 9:18-19.

하나님께서는 사역자들에게 온갖 종류의 사람들을 만나게 하신다. 사역자들을 위해 따로 기념비를 세워주지도 않으신다. 사람들은 그들을 거들떠보지 않는다. 이는 사역자들이 가치 없는 사람들이기 때문이 아니라 보이지 않는 곳에 있기 때문이다. 고린도에서 누가 바울을 볼 수 있었는가? 바울이 고린도를 떠난 후에야 귀중한 존재로 부상되었다. 모든 하나님의 종들은 평범한 사람들이지만 하나님께서 그들에게 맡기신 특별한 사명 때문에 그들은 특별한 존재가 된다. 하나님께서는 그분의 아들 예수 그리스도를 심기 원하시는 곳에 주의 사역자들을 심으신다. 지금 이 시대는 성도들이 모욕을 당하는 시대이다.

무엇을 중요하게 여기는지에 따라 우리의 자세는 달라진다. 바울의 온 영혼과 지식과 마음은 예수 그리스도께서 이 땅에 오셔서 이루시려는 그 위대한 사명에 사로잡혔다. 그는 이 한 가지만은 절대로 놓친 적이 없다고전 2:2.

부름을 받은 자와 스스로 택한 자

"유대인들에게 내가 유대인과 같이 된 것은 유대인들을 얻고자 함이요 율법 아래에 있는 자들에게는 내가 율법 아래에 있지 아니하나 율법 아래에 있는 자같이 된 것은 율법 아래에 있는 자들을 얻고자 함이요 율법 없는 자에게는 내가 하나님께는 율법 없는 자가 아니요 도리어 그리스도의 율법 아래에 있는 자이나 율법 없는 자와 같이 된 것은 율법 없는 자들을 얻고자 함이라 약한 자들에게 내가 약한 자와 같이 된 것은 약한 자들을 얻고자 함이요 내가 여러 사람에게 여러 모습이 된 것은 아무쪼록 몇 사람이라도 구원하고자 함이니 내가 복음을 위하여 모든 것을 행함은 복음에 참여하고자 함이라 운동장에서 달음질하는 자들이 다 달릴지라도 오직 상을 받는 사람은 한 사람인 줄을 너희가 알지 못하느냐 너희도 상을 받도록 이와 같이 달음질하라 이기기를 다투는 자마다 모든 일에 절제하나니 그들은 썩을 승리자의 관을 얻고자 하되 우리는 썩지 아니할 것을 얻고자 하노라 그러므로 나는 달음질하기를 향방 없는 것같이 아니하고 싸우기를 허공을 치는 것같이 아니하며 내가 내 몸을 쳐 복종하게 함은 내가 남에게 전파한 후에 자신이 도리어 버림을 당할까 두려워함이로다"고전 9:20-27.

하나님에 의해 선택받지 않은 사역자는 이렇게 말한다.
"나는 모든 사람들을 똑같이 대한다. 어떤 특별한 사람에게 다르게 대할 수 없다."
그러나 하나님에 의해 사로잡힌 사역자는 각 사람마다 다르게 대함으로 그들을 주님께로 사로잡아온다.

하나님에 의해 선택받은 사역자는 하나님께서 맡기신 일을 한다. 아무리 많은 아픔이 있을지라도 맡겨진 일에서 벗어나지 않는다. 그러나 스스로 하나님을 위해 할 일을 선택하는 사역자는 자신이 원하는 바를 한다. 이들은 결국 성경을 이용하여 스스로의 유익을 보려는 자들이 된다.

하나님께서 사역자를 부르실 때 먼저 그를 부수시고 깨뜨리셔서 빚기 시작하신다. 그때 그는 왜 주님께서 그렇게 하시는지 알지 못한다. 주님께서는 오직 한 가지 목적, 즉 "이 사람이 나의 사람이다"라고 말씀하시기 위해 그를 빚어가신다. 절대로 스스로 사역자가 되려 하지 말라.

그러나 하나님께서 당신을 사역자로 부르시면 당장 좇으라. 만일 다른 길로 도망치면 당신에게 화가 있을 것이다. 하나님께서는 당신을 사역자로 부르신 후에는 결코 전과 같은 방법으로 당신을 다루지 않으실 것이다. 또한 다른 사람과도 다르게 다루실 것이다. 이때 주님이 원하시는 대로 당신을 다루시도록 그분께 모든 것을 맡기라.

chapter 2
기본 자격

...
하나님을 찬양하는 것이 우리 모두의 궁극적인 목적이며 방향이다. 사역자로서 다져야 할 기초는 바로 예수 그리스도를 향한 감사의 마음이다.

사역자가 참으로 감사해야 할 것

"나를 능하게 하신 그리스도 예수 우리 주께 내가 감사함은 나를 충성되이 여겨 내게 직분을 맡기심이니"딤전 1:12.

하나님께서 창조하신 모든 것들은 마치 주님을 찬양하는 오케스트라와 같다.

"여호와여 주께서 지으신 모든 것들이 주께 감사하며"시 145:10.

하나님이 지으신 모든 것은 하나님의 귀에 가장 절묘한 음악을 만들어낸다. 사람도 처음에는 이 오케스트라에 참여해 주를 찬양했다. 그러나 죄로 인해 타락하게 되었고 이제는 오히려 피조물 가운데 광란의 불협화음을 만드는 존재가 되어버렸다. 그러나 예수 그리스도의 구속의 실현은 회개라는 단조를 사용해 사람들로 하여금 다시 찬양의 자리에 서게 했다눅 15:10.

하나님을 찬양하는 것이 우리 모두의 궁극적인 목적이며 방향이다.

"감사로 제사를 드리는 자가 나를 영화롭게 하나니"시 50:23.

당신이 아프든 건강하든, 돈이 없든 많든, 이러한 것은 하나님께 중요하지 않다. 오직 주님께 중요한 것은 당신이 하나님의 귀에 감사 찬양을 올리는 것이다.

바울은 회개를 통해 다시 하나님과 조화를 이루게 되었다딤전 1:13. 이제 그는 사역자로서 모든 기초를 다시 다지게 되었는데, 그것은 바로 예수 그리스도를 향한 감사의 마음이었다. 그 후로 그는 전 생애 동안 하나님과 온전한 관계를 맺고 살았다.

사역자가 통과해야 할 시험

사역자는 자신이 주 예수님에 의해 능력을 입게 된다는 사실을 아는 자이다. 따라서 언제나 능하게 하시는 예수님으로 인해 사역하며 더 나은 사역을 위해 주를 의지한다. 주께서 내가 사역자가 될 수 있도록 힘을 주셨다는 사실을 깨닫는다면 나는 절대 약해질 수 없다.

한편, 주제넘을 정도로 자신의 약함을 지나치게 의식하는 것은 주님께 감사하지 못하는 강퍅한 마음 때문이다. 그 마음은 주님에 의해 힘을 얻는 것을 거부하겠다는 심보이다. 따라서 "나는 너무 약합니다"라고 말하는 것은 사실 "나는 너무 고집이 셉니다"라고 말하는 것과 같다. 또한 "나는 할 수 없어요"라고 말하는 것은 사실 "나는 절대로 하지 않겠어요"라고 말하는 것과 같다. 예수 그리스도께서 나를 능하게 하시면 나는 언제나 주님처럼 강하게 된다. 바울은 이 역설을 다음과 같이 말했다.

"이는 내가 약한 그때에 강함이라"고후 12:10.

사역자가 인식해야 할 사실

주께서 나를 충성되이 여기실 것을 인식하게 되면 우리는 자신의 용기를 우상화하려는 마지막 유혹을 제거할 수 있게 된다. 그러나 만일 자신의 용기로 어려움을 이겨내야 한다고 생각하면 이는 주께서 나를 충성되이 여기시는 것과는 전혀 관계가 없게 된다. 그 이유는, 주께서 귀히 여기시는 사역은 내 안에서 주께서 이루시는 사역이지 내가 주를 위해 하는 일이 아니기 때문이다. 사실 주님께서 이미 만유의 주시며 모든 만물의 주권자이시기 때문에 우리는 아무것도 두려워할 것이 없고 극복할 것도 없다. 이미 우리는 주님을 통해 승리자 이상의 자리에 서 있다. 이 사실을 인식하게 되면, 사역자는 더 이상 자신의 영웅심을 부추기지 않아도 될 것이며 오직 그리스도께서 이루신 사역만을 놀라울 만큼 영화롭게 높일 것이다.

주님께서는 '우리를 위해' 모든 것을 다 이루셨기 때문에 우리를 귀히 여기신다. 그러므로 그리스도인들이 '승리를 얻는 방법'에 대해 말하는 것은 부끄러운 것이다. 이는 이미 영원한 승리자께서 우리를 온전히 붙드시고 우리에게 승리를 안겨주셨기 때문이다. 지금 우리는 그분의 승리를 누리면 된다.

우리의 승리는 언제나 우리의 것이 아니라 주님의 것임을 기억하라. 요한계시록에 언급된 '이김'은 개인적으로 어려움을 이기는 것을 말하는 것이 아니라 우리가 단호하게 주님 안에 굳건히 설 때 우리 안에 계신 하나님의 생명이 이기는 것을 말한다.

사역자가 책임져야 할 직분

"이 교훈은 내게 맡기신바 복되신 하나님의 영광의 복음을 따름이니라"딤전 1:11에서, '맡기신바 직분'이란 복되신 하나님의 영광의 복음을 말한다. 만일 내가 이 직분에 충성하려면 이를 방해하는 그 어떤 것에도 적절하지 못한 관심이나 감정을 허락해서는 안 된다.

이 직분은 나 자신이 복음을 알고 다른 사람에게 하나님의 영광의 복음을 전달하는 것이다. 이는 두 가지 방법으로 실현된다. 하나는 하나님께서 이 세상을 구속하셨다는 완벽한 확신 가운데 머무는 것이요, 다른 하나는 그 확신에 근거하여 피할 수 없는 하나님의 강권적 필요에 따라 내가 접하게 되는 모든 사람들에게 사역하는 것이다골 1:28-29.

> 이미 우리는 주님을 통해 승리자 이상의 자리에 서 있다.
> 지금 우리는 그분의 승리를 누리면 된다. 우리의 승리는 언제나
> 우리의 것이 아니라 주님의 것임을 기억하라.

chapter 3
사역자의 영적인 삶

...
절대로 영적인 안일함을 허락하지 말라.
영적인 안일함은 하나님을 진지하게 대하지 않을 때, 혹은
주님을 위해 뭔가를 해야 하는 것을 거부할 때 찾아온다.

하나님의 생명과 대화를 나눔

"내가 그리스도와 함께 십자가에 못 박혔나니 그런즉 이제는 내가 사는 것이 아니요 오직 내 안에 그리스도께서 사시는 것이라 이제 내가 육체 가운데 사는 것은 나를 사랑하사 나를 위하여 자기 자신을 버리신 하나님의 아들을 믿는 믿음 안에서 사는 것이라"갈 2:20.

사역자가 가장 주의해야 하는 것은 자신의 영적인 삶을 건강하게 유지하는 것이다. 절대로 영적인 안일함을 허락하지 말라. 영적인 안일함은 하나님을 진지하게 대하지 않을 때, 혹은 주님을 위해 뭔가를 해야 하는 것을 거부할 때 찾아온다. 이 두 가지를 마음속에 새기라. 외부로부터 들어오는 생각은 하나님께서 다루시게 하고, 내부적으로는 나의 관심이 하나님께 있게 하라.

하나님과 책임 있는 대화를 나누는 데 세 가지 방법이 있다. 첫째는 온 마음을 다해 성육신에 대해 깊은 관심을 두는 것이고, 둘째는 자신을 교회와 일치시키는 것이며, 셋째는 성경의 계시를 수단으로 하나님과 대화를 나누는 것이다.

하나님께서는 성육신 안에서, 교회를 통해, 그리고 주의 말씀 안에서 자신을 주셨다. 이것이 주께서 주의 생명을 우리에게 전달하시기 위해 정하신 방법들이다. 하나님의 말씀을 통해 우리는 정신적, 도덕적, 영적으로 하나님과 대화를 나눌 수 있다. 하나님께서는 성경 말씀을 성찬, 곧 우리가 주님의 생명에 참여할 수 있는 수단이 되게 하셨다. 따라서 성경은 주님께서 우리를 만나주시는 비밀의 문이다.

하나님을 위한 우리의 협력

"그의 영광의 풍성함을 따라 그의 성령으로 말미암아

하나님의 생명과 관련이 없는 경건을 주의하라.
이러한 경건은 종교적인 체험의 형태를 말하지만 하나님의 생명으로 인한 삶의 능력을 나타내지 못한다.

> 너희 속사람을 능력으로 강건하게 하시오며 믿음으로 말미암아 그리스도께서 너희 마음에 계시게 하시옵고 너희가 사랑 가운데서 뿌리가 박히고 터가 굳어져서 능히 모든 성도와 함께 지식에 넘치는 그리스도의 사랑을 알고 그 너비와 길이와 높이와 깊이가 어떠함을 깨달아 하나님의 모든 충만하신 것으로 너희에게 충만하게 하시기를 구하노라 "엡 3:16-19.

우리는 어떤 일부뿐 아니라 모든 면에서 하나님을 사랑해야 한다. 그런데 우리는 영적인 부분에서만 하나님께 협력하려는 경향이 있다. 소위 세속적인 것을 영적으로 만드는 일에는 협력하지 않는다.

주님께서는 영적인 것과 세속적인 것의 구분이 없으셨다. 우리가 이 경계를 쉽게 버리지 못하는 이유는 하나님의 생명에 집중하지 않기 때문이다. 우리는 이 세상에서 '나 자신의 세상'을 만들어놓고 경계와 질투의 자세로 자신이 만든 세상을 지킨다. "나는 이것저것을 해야 한다", "나는 반드시 이곳에 있어야 한다" 등의 자세는 참된 사역자라면 취할 수 없는 자세이다. 그것은 매우 인위적인 자세이고 하나님의 생명이 전혀 나타날 수 없는 자세이다. 이러한 자세로는 현실의 긴장을 견딜 수 없다.

성경에는 병든 경건이란 없다. 우리의 경건은 이 세상 안에 있으면서 이 세상에 속하지 않는 것으로, 강하고 생동력이 넘치면서 세상을 향해 나아가는 예수 그리스도의 생명에 속한 것이다. 이 경건은 어떤 부분이 아니라, 우리의 모든 삶이 하나님에 의해 인도함을 받고 승화되는 것을 말한다.

하나님의 생명과 관련이 없는 경건을 주의하라. 이러한 경건은 종교적인 체험의 형태를 말하지만 하나님의 생명으로 인한 삶의 능력을 나타내지 못한다. 당신의 삶 속에서 온 힘과 마음을 다해 경건에 힘쓰며 완전하기 위해 최선을 다하라. 그러나 절대로 종교적인 사람이 되지는 말라. 가짜 종교인은 하나님을 진지하게 대하지 않고 자신만 심각하게 고려할 뿐이다. 그의 삶에서 가장 중요한 예배의 대상은 자신의 체험이다.

하나님께 집중함

"율법이 육신으로 말미암아 연약하여 할 수 없는 그것을 하나님은 하시나니 곧 죄로 말미암아 자기 아들을 죄 있는 육신의 모양으로 보내어 육신에 죄를 정하사" 롬 8:3.

하나님께 집중하려면 자신의 종교적인 자아 의지를 반드시 죽여야 한다. 주님께서는 종교적인 자아 의지를 거절하셨다. 이에 주님께서는 바리새인들을 흔들어 놓으셨다. 사람은 본래 종교적으로 자아 의지적이다. 이 의미는 하나님께 집중하려는 의도가 없다는 뜻이다. 사람은 자신의 종교적인 이상에 집중하고자 한다. 자아 의지적인 종교는 거룩한 삶이 어떠해야 한다고 스스로 결정한다.

우리의 자아 의지적인 경향 때문에 하나님의 생명이 우리를 통해 역사할 기회를 얻지 못할 때가 많다. 사람은 가만히 있으면 자연스럽게 자기 중심적으로 흐르게 되어 있다. 그러나 종교적으로 자기 중심이 될 때 더 이상 하나님과 교제를 나누지 못하게 된다. 자신의 종교 체험에 매달리는 것도 하나님으로부터 돌아서서 자기 중심적으로 변하고 있는 증거이다. 우리는 믿음의 삶 가운데 이러한 자아 의지를 특별히 조심해야 한다.

하나님은 우리가 예수님을 단지 '모방'하는 것을 원하지 않으신다. 하나님께서 기대하시는 것은 예수님의 생명이 우리의 죽을 육체를 통해 나타나는 것이다. 하나님께서는 상황을 조성하셔서 아무도 우리를 도울 수 없는 그런 어려운 상황으로 인도하신다. 그러면 우리는 그 상황 속에서 예수님의 생명을 드러내든지 아니면 겁쟁이가 되는 수밖에 없다.

만일 어떤 신자가 "나는 이러한 상황에서 하나님의 생명을 나타낼 수 없다"고 말한다면, 그는 영광의 하나님을 욕되게 하는 것이다. 그러나 그러한 특별한 상황 가운데서 하나님의 생명을 나타낸다면, 이것이 바로 주께서 당신을 부르신 목적이며 이렇게 할 때 하나님께서 영광을 받으신다. 따라서 사역자의 영적인 삶은 하나님께서 그의 몸을 통해 나타나시는 것이다.

chapter 4

사역자와 말씀

...
사역자는 위로부터의 권위를 인정하고 그 권위에 충성해야 한다. 위로부터 거듭나면 새로운 내적 기준을 가지게 되는데, 이때 이 내적 기준의 유일한 객관적 기준은 성경에서 나타나는 하나님의 말씀이다.

성스러운 권위의 측면

"예수께서 성전에 들어가 가르치실새 대제사장들과 백성의 장로들이 나아와 이르되 네가 무슨 권위로 이런 일을 하느냐 또 누가 이 권위를 주었느냐" 마 21:23.

사역자는 위로부터의 권위를 인정하고 그 권위에 충성해야 한다. 예수 그리스도를 모르는 자들은 예수님의 권위를 인정하지 않는다. 따라서 그들에게 "예수님께서 이렇게 말씀하셨으니 당신은 순종해야 합니다"라고 말하는 것은 전혀 효력이 없다. 권위는 자발적으로 따르는 것이어야 한다. 미신적으로 따라서는 안 된다. 과거에 교회와 성경의 권위는 사람들이 자발적으로 따르는 권위가 아니라 강제성을 띤 외적 권위였다. 오늘날 사람들은 말한다.

"외적인 권위를 무시하십시오. 왜 그러한 권위를 인정해야 합니까?"

그러나 사람이 위로부터 거듭나 영적인 사람이 되면, 그 순간부터 성경은 그의 삶과 마음의 절대 권위가 되어 자발적으로 순종하게 된다. 그의 양심은 오직 성경의 절대적인 법에 따라서 분별하기 시작한다. 성경이 인용되면 즉각 그의 직감이 말한다.

"그렇다. 이것이 분명한 진리이다."

그는 성경으로부터 자신에게 주시는 하나님의 말씀을 분별한다. 이와 같이 사람이 위로부터 거듭나면 새로운 내적 기준을 가지게 되는데, 이때 이 내적 기준의 유일한 객관적 기준은 성경에서 나타나는 하나님의 말씀이다.

오늘날 필요한 것은 새로운 복음이 아니라 사람들의 문제의 핵심을 다룰 수 있는 용어들로 그리스도의 복음을 다시 분명하게 언급하는 것이다. 오늘날 사역자들은 진리 및 진리에 관한 용어들을 내팽개치고 있다. 왜 그들은 지금 이 시대의 군중을 향해 '진리의 말씀을 옳게 분별하며 부끄러울 것이 없는 일꾼'으로 서지 못하는가? 정통을 따지는 대부분의 사역자들이 가망이 없을 정도로 아무 쓸모가 없어지고, 오히려 비정통의 사역자들이 쓰임받고 있는 처지이다. 지금 이 시대에 필요한 사람들은, 하나님의 진리의 말씀에 흠뻑 젖어서 이 시대에 호소할 수 있는 용어를 사용하여 오랜 참진리를 분명하게 말하는 사역자들이다.

사회적인 권위의 측면

"예수께서 대답하시되 내 나라는 이 세상에 속한 것이 아니니라 만일 내 나라가 이 세상에 속한 것이었더라면 내 종들이 싸워 나로 유대인들에게 넘겨지지 않게 하였으리라 이제 내 나라는 여기에 속한 것이 아니니라"요 18:36.

기독교는 그 근본에서 사회적이다. 예수님께서 우리에게 원하시는 삶은 하나님 나라의 관점으로 사는 것이다. 그 삶은 믿는 자들이 서로 온전한 친교를 나누는 삶이다. 하나님의 나라에 속하지 않은 사람과는 진정한 친교를 나눌 수 없다. 어떤 사람이 예수 그리스도 안에서 살기 시작하면 세상과 정욕과 사탄은 그에게 죽은 것과 마찬가지이다. 주님께서는 이렇게 말씀하신다.

"이 세상 눈으로 볼 때 네가 지녀야 하는 덕은 오직 나의 제자라는 사실뿐이다."

주께서는 "세상이 너희를 미워할 것이라"고 말씀하셨다요 15:19. 바로 이러한 이유 때문에 믿는 자들은 서로 하나가 될 필요가 있다. 이것이 바로 기독교 교회의 의미이다.

과거 시대에 가톨릭 교회는 권력을 쥐고 집권을 했다. 그러나 이제는 그러한 권력을 행사할 수 없게 되었다. 그 대신으로 여러 종교 단체가 나왔다. 오늘날 우리는 예수 그리스도가 없는 수많은 종교 단체를 대하게 된다. 거기에 속한 사람들은 형제 사랑을 외친다. '만인 형제 사랑'의 정신 위에 문명 시스템이 세워지고 있다. 지금 이 시대에 사역자가 예수 그리스도의 제자로서 그들이 외치는 형제 사랑과 다른 형제 사랑을 외치면 다음과 같은 사건들이 발생하게 된다.

"사람들이 너희를 출교할 뿐 아니라 때가 이르면 무릇 너희를 죽이는 자가 생각하기를 이것이 하나님을 섬기는 일이라 하리라"요 16:2.

예수 그리스도에 의하면, 기독교는 중생에 의해 하늘로 올려져 하나님과 바른 관계를 맺게 된 사람들의 형제 우애를 근거로 한 사회이다.

"예수께서 대답하시되 내 나라는 이 세상에 속한 것이 아니니라"요 18:36.

그럼에도 불구하고 우리는 예수 그리스도의 명령을 순종하기보다 여전히 세상의 명령을 수행하려는 경향이 많다.

인격성의 측면

"내게 주신 영광을 내가 그들에게 주었사오니 이는 우리가 하나가 된 것같이 그들도 하나가 되게 하려 함이니이다"요 17:22.

예수 그리스도께서 사회에 대해 가지신 개념은 주께서 아버지와 하나이신 것처럼 사람들이 주님과 하나가 되는 것이다. 근본적인 측면에서 '인격성'이라는 용어는 하나님에 의해 인격을 형성하는 의미를 가진다. 대부분의 사람들은 아직 완전한 인격성까지 자라나지 못했고, 오직 하늘로부터 거듭난 후에야 완전한 인격성을 향해 자라날 수 있다. 하나님의 나라에서 하나님께 대한 우리의 가치는 우리의 인격성의 발전과 성장에 비례한다.

하나님의 주권적인 은혜로 구원을 받아 거룩하게 된 사건과, 지금 이 땅에서 훌륭한 그리스도인이 되기 위해 순종의 삶을 선택하는

> 예수 그리스도의 증인된 삶을 살고 있는가? 또한 자신의 모든 정신적, 도덕적, 영적 에너지를 주를 위해 사용하고 있는가? 사역자의 삶이란 말로 다할 수 없는 구원에 대해 그분께 감사드리는 삶이다.

사건 사이에는 분명한 차이가 있다. 믿고 구원만 받으면 된다는 식의 일반적인 관점은 사실 기독교의 걸림돌이다. 예수 그리스도의 증인 된 삶을 살고 있는가? 또한 자신의 모든 정신적, 도덕적, 영적 에너지를 주를 위해 사용하고 있는가? 이 질문들에 당당할 수 있는 사람이 하나님께서 의미하시는 사역자의 개념이다.

하나님께서 왜 우리를 이 땅에 남겨두셨는가? 구원을 받고 거룩하게 되기 위해서인가? 아니다. 우리는 주님을 위해 여기에 남겨져 있다. 만일 우리가 계속적으로 하나님 나라의 정신을 가지고 이 땅에서 한 발자국씩 나아가면, 어느새 우리의 인격성이 개발될 것이다. 인격성이 개발된 사람은, 단지 구원받아 거룩해진 후에 더 이상 아무런 영적 진보를 하지 못한 사람들과 비교될 때, 예수 그리스도께 훨씬 더 소중한 사람인 셈이다.

당신은 주님의 손에 붙들린 바 되어 다른 사람들을 위한 '찢겨진 빵과 부어지는 포도주'_{주님의 찢겨진 살과 쏟으신 피를 의미함}가 될 의향이 있는가? 지금 이 시대 속에서 당신의 생명과 인생이 주의 다른 제자들을 만드는 데 쓰임받을 수만 있다면 낭비되어도 상관없는가? 사역자의 삶이란 말로 다할 수 없는 구원에 대해 그분께 감사드리는 삶이다.

우리가 죄사함을 받아 거룩하게 되었다고 해서 세상으로부터 믿음과 증오의 대상이 되지는 않는다. 그러나 날마다 성화의 원칙에 따라 의롭고 거룩한 삶을 살아갈 때 세상은 우리를 미워하고 증오한다. 세상으로 하여금 분개하게 만드는 것은 거룩에 대한 '설교'가 아니다. 죄사함을 얻은 후 예수 그리스도와 일치되는 거룩한 삶을 현실 속에서 살 때, 세상은 우리를 멀리하고 미워하게 되는 것이다.

"예수께서 이르시되 내가 진실로 진실로 너희에게 이르노니 인자의 살을 먹지 아니하고 인자의 피를 마시지 아니하면 너희 속에 생명이 없느니라 … 그때부터 그의 제자 중에서 많은 사람이 떠나가고 다시 그와 함께 다니지 아니하더라"요 6:53,66.

누구든지 주님을 버리고 타락하면 하나님께 버림을 받게 될 것이다.

"내가 내 몸을 쳐 복종하게 함은 내가 남에게 전파한 후에 자기가 도리어 버림이 될까 두려워함이로라"고전 9:27.

chapter 5
사역의 바른 방향

...
사역의 바른 방향은 성경에 담긴 진리에 집중하는 것이다.
설교자는 청중이 처한 상황에 직접적으로 적용할 수 있는
진리를 성경으로부터 끄집어낼 수 있어야 한다.

무엇에 집중해야 하는가?

"디모데야 망령되고 헛된 말과 거짓된 지식의 반론을 피함으로 네게 부탁한 것을 지키라 이것을 따르는 사람들이 있어 믿음에서 벗어났느니라 은혜가 너희와 함께 있을지어다"딤전 6:20-21.

"너는 그리스도 예수 안에 있는 믿음과 사랑으로써 내게 들은바 바른 말을 본받아 지키고 우리 안에 거하시는 성령으로 말미암아 네게 부탁한 아름다운 것을 지키라"딤후 1:13-14.

집중은 뭔가에 사로잡히거나 매료되는 것을 의미하지 않는다. 그것은 가장 단호한 의지적인 노력으로, 뇌와 관련한 것으로서 영적인 것과는 아무런 관계가 없다. 연상되는 생각들을 다스리는 것은 타고난 재능이 아니라 '집중'이라는 훈련을 통해 얻는 것이다. 당신의 연약한 부분을 무관심 가운데 방치해 두지 말라. "오, 나는 할 수 없습니다"라고 말하지 말라. "하라!" 하면 된다.

바울은 디모데에게 사역의 바른 방향을 제시하고 있다. 바울이 제시하는 사역 방향은 성경에 담긴 진리에 집중하라는 것이다. 설교자는 웅변가나 달변가를 꿈꾸어서는 안 된다. 그렇지 않으면 하나님께 아무 쓸모 없는 사람이 될 것이다. 마태복음 23장, 마가복음 7장을 통해 주님께서 혐오하시는 그 가혹한 음성을 들어보라. 웅변가는 청중의 마음에 새로운 관심을 불러일으켜 어떤 일을 하게 한다. 그러나 복음의 설교자는 청중이 끝까지 안 하려고 버티는 것을 하게 할 수 있어야 한다. 바로 자신들에 대한 권리를 포기하게 하는 것이다. 설교자의 사명은 죄를 드러냄과 동시에 예수 그리스도를 구세주로 드러내는 것이다. 따라서 설교자는 감상적이거나 시적이기보다 오직 하나님의 예리한 말씀으로 청중을 수술하려는 자세를 가져야 한다. 설교자는 청중을 감동시키기 위해 보냄을 받은 자들이 아니다.

"그 설교자, 참으로 멋진 생각을 가지고 있던데요."

이러한 칭찬은 설교자에게 어울리는 것이 아니다. 설교자는 인간의 영혼 가운데 역사하는 사탄과 그의 간계를 드러내야 한다. 하나님께서 사람의 영혼을 탐사하시는 그 깊이까지 사람의 마음을 다룰 수 있어야 한다. 일반적으로 설교자가 청중의 영혼의 깊이를 측량할 수 있는 정도는 하나님께서 그 설교자의 영혼을 탐사하신 만큼 가능하다.

설교자는 청중이 처한 상황에 직접적으로 적용할 수 있는 진리를 성경으로부터 끄집어낼 수 있어야 한다. 또한 조금도 두려움이 없이 그 상황에 적용되는 진리를 선포해야 한다. 오늘날 설교자들은 하나님의 진리를 만지작거리며 단지 윤기만 내려고 한다. 설교자가 이러한 자세를 가질 때 그는 하나님의 진리로 청중의 현실 속에서 아무런 역사를 일으킬 수 없다.

설교자는 자신이 설교하는 성경 내용의 문맥을 잘 알고 있어야 한다. 예를 들어 다음 구절을 보자.

> "너희가 이런 일도 행하나니 곧 눈물과 울음과 탄식으로 여호와의 제단을 가리게 하는도다 그러므로 여호와께서 다시는 너희의 봉헌물을 돌아보지도 아니하시며 그것을 너희 손에서 기꺼이 받지도 아니하시거늘"말 2:13.

이 구절의 문맥을 알아야 이 내용을 제대로 알 수 있다. 곧 문맥을 통해 이 내용의 이유를 설명할 수 있다. 이 구절에서 설교를 한다면 다음과 같을 것이다.

"사람의 마음에는 악한 기질과 숨겨진 죄성이 있다. 어떠한 경우라도 어떤 사람이 자신에게 발생한 사건을 통해 하나님께 대한 좋지 않은 인상을 만들고 있다면 그 사람에게 공감하지 말라. 하나님께서는 상상을 초월할 정도로 너그럽고 친절하시다. 따라서 어떤 사람이 이러한 좋으신 하나님을 만나지 못했다면 그 이유는 그에게 아직 포기하지 않는 비밀스러운 것이 있기 때문이다."

설교자는 사람을 감상적으로 다루어서는 안 된다. 감상으로는 사람의 깊은 영혼까지 닿을 수 없다. 당신은 설교자로서 그 사람이 가진 문제의 뿌리까지 내려갈 수 있어야 한다. 설교를 통해 그 깊은 문제의 뿌리를 다룰 때 듣는 사람은 반감이나 고통 또는 분노를 느끼게 되어 있다.

예수님의 복음은 사람들에게 엄청난 갈급함을 야기시키지만 또한 동시에 엄청난 분개를 일으킨다. 사람들은 하나님의 축복을 원한다. 그러나 그들은 그들의 마음을 탐색하고 그들을 부끄럽게 만드는 복음의 메시지를 견딜 수 없어 한다. 그럼에도 사역자가 가져야 할 자세는 단호하게 복음을 통해 사람들의 영혼 깊은 뿌리까지 고집스럽게 내려갈 수 있어야 한다. 그렇지 않으면 영혼을 치유할 수 없다.

당신이 정한 설교 본문으로부터 가능한 한 많은 상세한 내용들

> 당신은 설교자로서 그 사람이 가진 문제의 뿌리까지 내려갈 수 있어야 한다.
> 사역자가 가져야할 자세는 단호하게 복음을 통해 사람들의 영혼 깊은
> 뿌리까지 고집스럽게 내려갈 수 있어야 한다.

을 끄집어내라. 특히 주요 의미가 무엇인가를 전달하려고 애쓰라. 대부분의 사람들에게 거룩함이란 뜬구름같이 애매할 것이다. 그러나 사역자는 언제나 거룩함의 메시지를 마음속에 두고 설교해야 한다.

"모든 사람과 더불어 화평함과 거룩함을 따르라 이것이 없이는 아무도 주를 보지 못하리라"히 12:14.

매 구절에서 거룩을 말하라. 분명하고 확실하게 복음이 말하는 거룩을 삶에 적용하게 함으로써 청중이 핑계할 것이 없도록 해야 한다. 신앙적인 차원뿐 아니라 각자의 영혼의 삶에서 거룩을 추구할 수 있도록 해야 한다. 생각, 상상, 그리고 그들의 모든 구체적인 삶 가운데서 거룩을 추구하도록 설교하라. 당신이 택한 설교 본문에서 이러한 내용을 끄집어내고 그 적용을 절대로 놓치지 말라. 본문을 사색의 도구로 삼지 말라. 그럴 경우 당신은 하나님의 말씀을 무례히 대하는 자가 되는 것이다.

무엇을 위해 집중하는가?

"어리석고 무식한 변론을 버리라 이에서 다툼이 나는 줄 앎이라 주의 종은 마땅히 다투지 아니하고 모든 사람에 대하여 온유하며 가르치기를 잘하며 참으며 거역하는 자를 온유함으로 훈계할지니 혹 하나님이 그들에게 회개함을 주사 진리를 알게 하실까 하며 그들로 깨어 마귀의 올무에서 벗어나 하나님께 사로잡힌 바 되어 그 뜻을 따르게 하실까 함이라"딤후 2:23-26.

하나님께서 인간을 빚으실 때 성경의 중심 원칙과 어울리는 원칙들을 인간의 속성 안에 넣으셨다. 따라서 당신이 택한 본문으로부터 인간이 타락하기 전에 소유했던 속성과 일치하는 의미들을 끄집어 내도록 하라. 그렇게 함으로써 당신이 택한 본문이 청중의 마음속에 선명하게 임해야 한다. 그래서 그들이 자신들의 삶의 영역 속에 어떤 부분이 부족한지 깨달을 수 있어야 한다. 그 후 그들의 삶을 향해 그리스도의 기준을 제시하라.

"그러나 우리는 절대로 그렇게 할 수 없습니다. 우리가 어떻게 그 기준을 따를 수 있습니까?"

이런 반응이 나온다면 결론을 내리라.

"하나님께서는 우리가 반드시 그 기준을 통과해야 한다고 말씀하십니다. 물론 우리는 할 수 없습니다. 오직 새로운 영이 우리에게 있어야 합니다. 예수님께서는 우리가 성령을 구하기만 하면 하나님께서 성령을 주실 것이라고 약속하셨습니다"눅 11:13.

당신의 메시지가 효력이 있으려면 청중이 그 메시지를 절실하게 필요로 해야 한다. 예를 들면, 도덕적으로 올바르게 서 있는 청중에게 요한복음 3장 16절을 제시할 경우 그 내용은 그들에게 적용되지 않는다. 그 주제가 그들의 관심을 끌지 못한다. 그 이유는 사역자와 청중이 서로 다른 영역에 관심을 가지고 있기 때문이다. 사실 그들은 비록 강력 범죄자들이 아닐지라도 "허물과 죄로 죽은" 사람들임에도 불구하고 그들의 마음은 이 세상 신에 의해 가려져 있어서 스스로 의롭게 여기고 있다. 바로 이러한 청중 가운데 당신의 메시지가 파고 들어갈 수 있어야 하는 것이다. 이는 오직 당신이 성령께 의지할 때, 성령께서는 아무런 죄책감이 없는 그들에게 그들 자신의 죄악과 죄성을 보게 하신다. 복음을 선포하면 그 배후에서 하나님의 구속이 사람들의 영혼 속에서 창조적으로 역사한다. 성령께서 그들의 마음 가운데 역사하시면 그들은 전에 보지 못했던 기준, 곧 예수 그리스도를 보게 된다.

"내가 땅에서 들리면 모든 사람을 내게로 이끌겠노라" 요 12:32.

예수 그리스도가 높여지면 성령께서는 그들의 마음 가운데 주님을 필요로 하는 마음을 창조해내신다.

chapter 6
배우는 학생이 되라!

...
하나님께서는 우리의 삶을 거룩한 분야와 세속적인 분야 혹은 활동과 공부로 나누지 않으셨다. 당신의 삶의 모든 분야와 모든 사건에서 하나님을 인정하라.

사역의 실질적인 면

"또 내가 너희와 함께 있을 때 비용이 부족하였으되 아무에게도 누를 끼치지 아니하였음은 마게도냐에서 온 형제들이 나의 부족한 것을 보충하였음이라 내가 모든 일에 너희에게 폐를 끼치지 않기 위하여 스스로 조심하였고 또 조심하리라"고후 11:9.

"내가 이를 때까지 읽는 것과 권하는 것과 가르치는 것에 전념하라"딤전 4:13.

"너는 진리의 말씀을 옳게 분별하며 부끄러울 것이 없는 일꾼으로 인정된 자로 자신을 하나님 앞에 드리기를 힘쓰라"딤후 2:15.

"형제들아 우리의 수고와 애쓴 것을 너희가 기억하리니 너희 아무에게도 폐를 끼치지 아니하려고 밤낮으로 일하면서 너희에게 하나님의 복음을 전하였노라"살전 2:9.

오늘날 복음을 위한 사역에서 어려운 점은, 지금 이 시대는 모든 것을 이성적으로 따지려 한다는 점이다. 이성적 사고는 일반적으로 거룩한 영역과 세속적인 영역을 나눈다. 활동과 공부를 따로 분리한다. 그러나 하나님께서는 우리의 삶을 거룩한 분야와 세속적인 분야 혹은 활동과 공부로 나누지 않으셨다.

일반적으로 생각할 때, 학생은 혼자 앉아서 사색하는 방법으로 공부한다고 인식한다. 그러나 이러한 개념은 하나님의 말씀에 전혀 나타나지 않는 개념이다. 그리스도인의 생각은 사색을 통하기보다 활동 가운데 만들어진다. 그 이유는, 우리는 오직 활동 속에서만 바른 분별을 할 수 있는 능력을 얻을 수 있기 때문이다. 어떤 사람들은 자연스럽게 사색적인 차원에서 공부한다. 어떤 사람들은 계속적으로 활동만 한다. 그러나 성경은 우리의 삶 속에서 이 두 가지를 결합시킨다.

사람들은 사역자를 특별한 신분을 가진 사람으로 보려는 경향이 있다. 이러한 사고방식도 성경과 일치하지 않는다. 우리 주님은 목수였다. 바울은 천막을 만드는 자였다. 당신이 외딴 곳에 숨어서 주님을 위해 살려고 하면 하나님께서는 그 시간을 무의미하게 만드실 것이다.

"너는 범사에 그를 인정하라" 잠 3:6.

위의 구절은 당신의 삶의 모든 분야와 모든 사건에서 하나님을 인정하라는 말씀이다. 하나님께서는 당신의 어떤 부분을 특별히 개발시키시기 위해 특별한 상황으로 당신을 이끄실 것이다. 이때 당신의 고집스러운 생각으로 하나님의 계획을 망쳐놓지 않도록 주의하라.

하나님을 섬길 때 또 다른 위험은 기질대로 섬기려는 것이다. 성령의 은사는 우리의 기질과 상관없이 하나님의 주권에 의해 주어진다. 성령께서 은사를 주실 때 "오, 주님! 저는 그런 은사를 원하지 않습니다", "저는 그 일을 위해 제대로 교육받지 못했어요"라고 말하지 않도록 주의하라. 당신의 무기력한 생각으로 하나님을 제한하지 말라. 그러한 생각은 불신앙의 결과일 뿐이다. 당신이 지난 시절 특정한 훈련을 받지 못했다고 해서 하늘과 땅을 창조하신 전능자 하나님께서 당신을 사용하실 수 없겠는가? 당신 자신의 생각을 의지하지 말고 범사에 주를 인정하라. 이러한 믿음이 대단히 중요하다.

이제 마음의 문지방을 부수고 "나는 그것만은 할 수 없어요. 이 부분만은 제게 재능이 없다는 것을 주님도 아시잖아요"라는 무기력한 생각들을 고치라. 예수님의 진실한 제자가 되려고 할 때 가장 큰 걸림돌은 자신의 재능을 자랑하는 것이다. 즉, 자신은 재능이 많다고 착각하면서 주님을 신뢰할 필요를 느끼지 못하는 것이다. 성령의 능력을 의지하여 무기력한 삶 혹은 정신없이 바쁜 삶, 우왕좌왕하는 불안정한 삶을 깨뜨리고 나오라. 하나님의 능력으로 얼마든지 힘차게 살 수 있음에도 불구하고 의도적으로 무력감에 빠지는 것은 하나님 앞에서 범죄라는 사실을 기억하라.

가난과 사역

"우리 주 예수 그리스도의 은혜를 너희가 알거니와 부요하신 이로서 너희를 위하여 가난하게 되심은 그의 가난함으로 말미암아 너희를 부요하게 하려 하심이라"고후 8:9.

우리 주 예수 그리스도는 우리에게 삶의 본을 보이시기 위해 가난하게 되신 것이 아니다. 주께서 가난하게 되신 이유는 주께서 세우시는 하나님 나라의 비밀을 분명하게 알려주시기 위함이었다. 진정한 기독교는 하나님께 우리의 소유를 드리는 것이다. 예수 그리스도는 각 개인이 그리스도를 통해 하나님과 관계를 맺도록 하심으로 하나님의 나라를 세우셨다. 현재 하나님의 나라는 이 땅의 소유와 아무런 관계가 없다. 예수님의 제자는 소유에 있어서 부자가 아니라 인격적으로 풍성한 자들이다. 자발적인 가난은 예수님의 특징이었다.

"예수께서 이르시되 여우도 굴이 있고 공중의 새도 집이 있으되 인자는 머리 둘 곳이 없도다"눅 9:58.

모든 시대에 하나님의 자녀들의 가난은 매우 중요한 주제였다. 오늘날 우리는 가난을 부끄러워하며 두려워한다. 그래서 그런지 외적인 가난 속에서의 내적인 영적 부요에 대해 거의 들을 수 없다. 예수님과 바울처럼 자발적으로 가난해진 자들도 찾아볼 수 없다. 가난에 대한 두려움은 언제나 우리로부터 영적인 등뼈를 뽑아낸다. 즉, 가난에 대한 두려움 때문에 하나님과 복음의 편에 서지 못하는 무기력한 그리스도인들이 많아지고 있다. 주님을 붙들고 주님과의 관계를 강하게 하라. 지독하게 가난해질지라도 주님과의 관계를 놓치지 말라. 주께서는 사람들을 얽어매는 이 세상의 모든 것으로부터 자유로우셨다. 따라서 주님께서는 아버지께서 원하시는 곳이라면 어디든지, 그리고 언제든지 떠나실 수 있었다.

하나님의 섭리

"너는 마음을 다하여 여호와를 신뢰하고 네 명철을 의지하지 말라 너는 범사에 그를 인정하라 그리하면 네 길을 지도하시리라"잠 3:5-6.

사람은 결국 하나님 앞에서 자신의 삶을 정산하게 된다. 이 사실을 항상 기억하라. 당신의 기질에 따라 주를 섬기지 말고 하나님의 섭리가 당신을 이끄시는 대로 하나님을 섬기라. 하나님의 종들은 뭔가를 깨달아 알기 전에 그 깨달음과 관련된 체험을 해야 한다. 즉, 당신은 체험을 통해 배우게 된다. 체험이 먼저이며 그 후 성령께서 그 체험에 대해 설명해주신다. 우리는 각각 하나님과의 만남을 갖는다. 하나님께서는 오직 내게만 필요한 체험들을 따로 허락하신다. 그 특별한 체험들을 통해 나는 다른 사람에게 나눌 수 있는 깨달음들을 얻는다.

하나님께서 당신과 관련해 무슨 일을 하실지 미리 걱정하거나 궁금해 하면서 시간을 낭비하지 말라. 이는 당신이 신경 쓸 일이 아니다. 당신이 신경 쓸 일은 '범사에 하나님을 인정하는 것'이다. 그러면 하나님께서는 모든 일들 가운데서 당신이 영적인 깨달음을 얻도록 하실 것이다. 모든 섭리 가운데 하나님 안에 그리스도와 함께 감추어져 있는 생명으로 사는 법을 배우도록 하라.

> 당신의 기질에 따라 주를 섬기지 말고 하나님의 섭리가 당신을 이끄시는 대로 하나님을 섬기라. 당신이 신경 쓸 일은 '범사에 하나님을 인정하는 것'이다.

chapter 7

영적 진단,
나는 어디에 있는가?

...
복음의 사역자는 보냄을 받아야 한다.
스스로 선택해서 사역자의 길을 떠나면 안된다.
하나님께서 친히 보내실 때까지 기다리라.

왜 나는 사역하기를 원하는가?

"보내심을 받지 아니하였으면 어찌 전파하리요 기록된바 아름답도다 좋은 소식을 전하는 자들의 발이여 함과 같으니라"롬 10:15.

복음의 사역자는 보냄을 받아야 한다. 스스로 선택해서 사역자의 길을 떠나면 안 된다. 그러나 오늘날 대부분의 사람들은 이렇게 생각하지 않는다. 그들은 각자의 결정에 따라 사역을 시작할 수 있다고 생각한다.

"이 일은 내가 할 수 있는 일이다. 내가 이 일을 해야겠다."

그러나 일할 사람이 필요하다는 요구 때문에 사역자가 되지 않도록 주의하라. 요구에 의해 사역자가 되는 것은 비정상적인 것이다. 사실 구원 받은 대부분의 사람들이 스스로도 영적으로 성숙되지 못한 것이 오늘날의 실정이 아닌가! 하나님께서 친히 보내실 때까지 기다리라.

그렇다면 내가 하나님께로부터 보냄을 받았다는 사실을 어떻게 알 수 있을까?

첫째, 나 자신이 너무나 연약하며 무능하다는 깨달음이 있어야 한다. 하나님께 쓰임받으려면 하나님께서 친히 모든 것을 하셔야 한다는 깨달음이 있어야 한다. 당신은 이러한 깨달음이 있는가? 혹시 감상적으로만 이렇게 생각하는 것은 아닌가?

둘째, 사람들로 하여금 나의 거룩함이 아니라 예수 그리스도를 바라보게 해야 한다. 보냄을 받는다는 것은, 우리가 가장 안일함을 느끼는 곳으로부터 주님께서 우리를 끄집어내셔서 주님이 원하시는 곳으로 보내시는 것을 의미한다. 주님의 사역자는 주님이 자신을 위해 어떤 일을 하셨는지를 깨달을 뿐 아니라 자신의 철저한 부적절함과 자격 미달을 깨닫는 자여야 한다. 대체로 사역자들은 하나님께서 자신을 부르실 것이라고 전혀 기대조차 못하던 사람들이다. 하나님께서는 주의 종으로 부르시고 사역자로 보내시기 전에

> 주님의 사역자는 주님이 자신을 위해 어떤 일을 하셨는지를 깨달을 뿐 아니라 자신의 철저한 부적절함과 자격 미달을 깨닫는 자여야 한다.

먼저 자신을 철저하게 탐색하게 하신다. 그 후 바울이 말한 것을 이해하게 하신다.

"우리도 그 안에서 약하나 너희에게 대하여 하나님의 능력으로 그와 함께 살리라" 고후 13:4.

종종 사역자의 삶에는 이해할 수 없는 일들이 발생한다. 마음과 정성을 다해 하나님을 위해 일했는데, 어느 날 철저히 실패로 마치게 된다. 그러면 사역자는 완전히 부서지고 깨어지며 낙심한다. 그때 하나님께서 그 자리에서부터 서서히 역사하기 시작하신다.

"네 수고가 무너진 것을 토대로 내가 너를 나의 사역자로 온전케 만들겠다. 이제 일어나 먼지를 털어라. 네가 무엇을 해야 하는지 이제 말해주겠다."

하나님께서 우리를 주의 사역자로 사용하시기 전에 철저하게 우리를 비천한 자리까지 몰아가실 것이다. 그래서 우리는 우리가 서 있는 곳에서 "주님, 제게는 선한 것이 전혀 없습니다"라고 외칠 수밖에 없다. 그러면 그때서야 하나님께서 우리를 보내신다.

우리는 하나님을 위한다는 명목으로 뭔가를 하면서 정작 하나님의 일을 방해할 때가 많다. 현대인들의 인내의 부족이 기독교 사역에도 틈타 들어오더니 이제는 사역자들마저 주께서 그들이 무엇을 하기를 원하시는지 들으려고 하지 않는다.

나는 어디에서 살고 있는가?

> "지존자의 은밀한 곳에 거주하며 전능자의 그늘 아래에 사는 자여" 시 91:1.

아무도 당신에게 전능자의 그늘이 어디에 있는지 말해줄 수 없다. 당신 자신이 그곳을 찾아야 한다. 전능자의 그늘을 찾게 되면 거기에 머물라. 주의 그늘 아래에 있을 때는 어떠한 악도 당신에게 발생할 수 없다. 전능자의 그늘 아래에서 당신이 얼마나 심도 깊은 시간을 보내느냐에 따라 사역자로서 얼마나 잘 준비되는가가 결정된다. 하나님과의 만남의 깊이는 감정이나 느낌 또는 특별한 때와 장소와 관련된 것이 아니다. 얼마나 하나님만을 중심으로 주님과 깊은 시간들을 보냈는가와 관련된다.

당신의 영적인 삶을 방해하는 것이라면 그 어떠한 것도 허락하지 말라. 주님과의 사귐과 어울리지 않는 표현을 삼가라. 또한 바르게 살지는 못하면서 바른 말만 하는 자리에서 나오라. 그렇지 않으면 사역자는 가장 심각한 위선자로 비쳐질 것이다. 아마도 당신은 지금보다 몇 개월 전 또는 몇 년 전에 훨씬 더 많은 것들을 잘 표현했을지도 모른다. 그러나 지금은 성령께서 말씀하시는 것만 말함으로써 쓸데없는 말을 삼가게 된다. 대신 가장 높은 곳에 계신 그분을 만나는 비밀 장소와 시간을 더욱 마련하게 된다.

이 시대에 아주 슬픈 일은 종종 사역자들이 사역자가 아닌 사람들보다 훨씬 더 못난 성품을 드러내는 것이다. 사실 사역자들이 다른 직업에 종사하는 자들보다 더 많은 짜증과 걱정과 초조함을 나타낼 때가 있다. 이는 참으로 수수께끼 같은 일이다.

심판에 대해 나는 무엇을 알고 있는가?

"하나님의 집에서 심판을 시작할 때가 되었나니 만일 우리에게 먼저 하면 하나님의 복음을 순종하지 아니하는 자들의 그 마지막은 어떠하며"벧전 4:17.

베드로는 고난에 대해 말하고 있다.

하나님의 집이 어디에 있는가? 내 몸 속에 있다고전 6:19. 하나님의 자녀로서 고난을 당할 때 우리는 그 이유를 아버지께 물을 수 있다. 그러나 종종 하나님께서 당신에게 설명할 수 없는 고난을 허락하실 때도 있다. 이때 주께서는 당신의 가장 깊은 마음속에 모든 것이 다 괜찮다고 알려주신다.

"그러므로 하나님의 뜻대로 고난을 받는 자들은 또한 선을 행하는 가운데에 그 영혼을 미쁘신 창조주께 의탁할지어다"벧전 4:19.

고난은 징계 및 훈련을 위해 필요하다. 훈련되지 못한 미성숙한 성도가 징계를 받게 되면 그것을 멸시하거나 그 징계가 사탄으로부터 왔다고 말하기 쉽다. 하나님께서 꾸짖으실 때 절망 하고 쓰러지거나 땅굴을 파고 숨기도 한다. 그러나 징계를 받을 때 히브리서 기자의 말을 기억하자.

"또 아들들에게 권하는 것같이 너희에게 권면하신 말씀도 잊었도다 일렀으되 내 아들아 주의 징계하심을 경히 여기지 말며 그에게 꾸지람을 받을 때에 낙심하지 말라" 히 12:5.

고난의 또 다른 경우는 주께서 고난을 당하심같이 주의 고난에 동참하는 경우이다 히 5:8 ; 고후 1:5.

이러한 모든 고난을 통해 우리는 하나님의 심판이 '하나님의 집에서' 시작되도록 해야 한다. 즉, 고난을 거부하지 말고 고난을 허락하시는 하나님의 뜻을 찾아야 한다. 우리는 수천 가지의 방법으로 하나님의 심판을 피할 수 있지만 그럴 경우 결과적으로 아무런 영적 성장을 얻지 못하게 된다.

만일 당신이 하나님께서 보내신 사역자라면 주님의 그늘 아래서 사는 법을 배우도록 하라. 주님의 그늘 아래서 당신은 매일 하나님의 연단이 더욱 필요하다는 사실을 깨닫게 될 것이다. 하나님의 자녀가 하나님의 회초리를 피해가면 그는 예수 그리스도를 따를 수 없다. 만일 우리가 예수님께서 고난 받으심같이 고난을 당하면 우리는 바른 길에 서 있는 것이다.

> "오히려 너희가 그리스도의 고난에 참여하는 것으로 즐거워하라 이는 그의 영광을 나타내실 때에 너희로 즐거워하고 기뻐하게 하려 함이라"벧전 4:13.

우리는 하나님의 철저한 심판을 받는 법을 배워야 한다. 종종 '고난'이라고 하면 신체적으로 받는 것이나 하나님을 위해 뭔가 중요한 것을 포기하는 것을 떠올리지만 이러한 개념은 아주 미천하고 어리석은 생각이다. 전능자의 그늘 아래에서 우리가 겪는 고난을 통해 우리는 자신에 대한 모든 권리를 주께 양도해야 한다. 그러할 때 고난 가운데서도 언제나 기쁨과 평강과 만족이 찾아온다. 그러나 주의하지 않으면 그것들은 표면에만 머물게 된다. 이러한 기쁨이나 평강과 만족은 고난의 의미를 더욱 분명하게 만드는 부수적인 역할을 한다. 성도에게 가장 중요한 것은 하나님과 완벽하고 온전한 관계를 유지하는 것이다. 그 자리까지 가려면 개인적으로 하나님의 심판을 경험해야 한다.

chapter 8
가장 주된 사명

...
하나님의 사역자의 목적은 청중을 많이 얻는 것이 되어서는 안 된다. 우리의 목적은 오직 주의 복음이 분명하게 제시되는 것이어야 한다.
성령께서 강권하시는 동기는 언제나 그리스도뿐이시다.

주님의 권하심으로 인한 부담

"우리는 주의 두려우심을 알므로 사람들을 권면하거니와 우리가 하나님 앞에 알리어졌으니 또 너희의 양심에도 알리어지기를 바라노라"고후 5:11.

바울은 복음 전파의 부르심에 대해 말할 때마다 다음과 같은 말을 했다.

"내가 복음을 전할지라도 자랑할 것이 없음은 내가 부득불 할 일임이라 만일 복음을 전하지 아니하면 내게 화가 있을 것이로다"고전 9:16.

이는 스스로 조용하고 안정된 가운데 복음을 전파하기로 선택하는 것이 아니라 어떤 강요 및 강한 필요에 의한 부담 때문에 복음을 전파하게 되었다는 뜻이다. 바울의 삶의 주된 특징은 자신에게 주어진 사명에 의해 사로잡혀 있었다는 점이다. 그는 그 사명에서 빠져나올 수 없었다.

다음 구절은 바울의 마음속에서 뗄래야 뗄 수 없었던 부담에 대해 말하고 있다.

> "약한 자들에게 내가 약한 자와 같이 된 것은 약한 자들을 얻고자 함이요 내가 여러 사람에게 여러 모습이 된 것은 아무쪼록 몇 사람이라도 구원하고자 함이니 내가 복음을 위하여 모든 것을 행함은 복음에 참여하고자 함이라"고전 9:22-23.

물론 바울의 복음 사역이 항상 성공한 것은 아니었다행 17:32. 그럼에도 사역의 실패가 바울이 복음을 전하는 것을 막지는 못했다행 28:23-24. 예수님을 증거하려는 바울의 열심이 너무나 간절하여 종종 정신 나간 사람처럼 간주되기도 했다행 26:24. 한편, 재미있는 사실은 종교적으로 광적인 사람들은 바울이 너무 정신이 온전하다고 비난했다고후 5:13.

하나님을 위한 사역자는 어떠한 어려움이 오더라도 견딜 각오를 해야 하고, 모든 잘못된 것을 선한 것으로 바꾸어낼 수 있어야 한다. 이를 위해 초자연적인 하나님의 은혜가 필요하다.

사역자의 마음에는 복음에 대한 강권이 있어야 한다. 사역자는 일반인들이 전혀 애착을 갖지 않는 사람들과도 관계를 맺어야 한다. 그 이유는 "더욱 많은 사람들을 구원하기 위해서"이다. 우리는 주님의 사역자로서 단 한 가지 부담만 있어야 한다. 그것은 사람들을 설득하여 예수 그리스도께 오게 하는 것이다. 이를 위해 어떠한 상황에서든지 누구를 만나든지 현실을 그대로 받아들이고 성경이 계시하는 사실을 그대로 알려주어야 한다.

사역자의 인격 중 가장 위엄 있는 능력

"그리스도의 사랑이 우리를 강권하시는도다 우리가 생각하건대 한 사람이 모든 사람을 대신하여 죽었은즉 모든 사람이 죽은 것이라"고후 5:14.

바울은 자신이 옴짝달싹할 수 없을 만큼 그리스도의 사랑에 사로잡혀 있다고 말하고 있다. 대부분의 사람들은 자신들의 경험에 갇혀 있다. 아주 소수의 사람들만 하나님의 사랑에 사로잡혀 있다.

그리스도의 사랑의 음성을 듣게 되면 당신은 그 음성을 분명히 알아듣게 된다. 성령께서 당신의 마음 가운데 자유롭게 활동하시는 것을 느낀다. 사역자는 그리스도의 사랑에 자신을 던져야 한다. 그것이 열매를 맺는 비결이다. 자신의 결벽을 추구하는 자들은 쉽게 버리새인으로 바뀐다. 하지만 하나님의 사랑에 사로잡힌 자는 언제나 하나님의 거룩과 능력의 자취를 남긴다.

우리가 성령으로 거듭나면 그때 우리의 주요 간증은 하나님께서 우리를 위해 무엇을 이루셨는가 하는 것이다. 그때 그렇게 하는 것은 마땅한 것이다. 그러나 성령 세례를 받게 되면 이러한 간증은 다 제쳐두고 오직 예수 그리스도만 증거하게 된다 행 1:8.

예수님께서 무엇을 하실 수 있는가에 대한 증인이 아니라 (이는 가장 초보적인 증거이다) '예수님의 증인'이 되는 것이다. 이 말의 뜻은 '예수님 대신' 당신이 그 자리에 있는 것이며, 이제 당신이 당하는 모든 사건들, 곧 칭찬과 비난, 핍박과 위로 등을 '예수님에게 발생하는 것처럼' 받아들이는 삶을 말한다. 예수님의 인격적 능력의 엄위에 사로잡히지 않으면 결코 우리는 이러한 삶을 살 수 없을 것이다. 바울은 다음과 같이 말한다.

"그리스도의 사랑이 나를 강권합니다. 나는 마치 신기한 열병에

> 사역자는 그리스도의 사랑에 자신을 던져야 한다.
> 하나님의 사랑에 사로잡힌 자는 언제나 하나님의 거룩과
> 능력의 자취를 남긴다.

든 것처럼, 또한 이상한 질병이 있는 것처럼 행동하게 됩니다. 따라서 당신은 나를 미친 사람 또는 냉정한 사람이라고 부를지 몰라도 나는 상관하지 않습니다. 나는 단 한 가지 목적만을 위해 살아갑니다. 바로 사람들에게 그들이 그리스도의 심판 앞에 선다는 것과 하나님의 사랑이 그들을 기다리고 있다는 것을 설득하기 위해서입니다."

오늘날 설교자들은 어떻게 하면 많은 청중을 사로잡을 것인가에 대해 대단한 열정을 보이고 있다. 그러나 하나님의 사역자의 목적은 청중을 많이 얻는 것이 되어서는 안 된다. 우리의 목적은 오직 주의 복음이 분명하게 제시되는 것이어야 한다.

성령께서 강권하시는 동기가 아니라면 절대로 설교할 생각조차 하지 말라. 그 동기는 언제나 그리스도뿐이시다.

"내가 너희 중에서 예수 그리스도와 그의 십자가에 못 박히신 것 외에는 아무것도 알지 아니하기로 작정하였음이라"고전 2:2.

chapter 9

먼저
온전한 그리스도인이 되라!

...
예수님께서 제시하신 사역자의 기준은 예수님 자신이다. 나는 예수님을 내 사역의 기준으로 삼고 있는가? 우리 앞에 놓인 단 하나의 기준은 우리 주님이시다.

주인의 기준에 순응함

> "제자가 그 선생보다 높지 못하나 무릇 온전하게 된 자는 그 선생과 같으리라" 눅 6:40.

예수님께서 제시하신 사역자의 기준은 예수님 자신이다. 나는 예수님을 내 사역의 기준으로 삼고 있는가? 나는 나 자신을 언제나 주님을 기준으로 평가하는가? 우리 앞에 놓인 단 하나의 기준은 우리 주님이시다. 기도할 때나 생각할 때나 주님만이 나의 이상적인 기준으로 마음속에 늘 있어야 한다. 그리고 그 어떠한 것이라도 이 기준을 흐리게 해서는 안 된다. 복음을 설교할 때만 예수 그리스도를 높여서는 안 된다. 우리의 영혼 깊은 곳에서 예수님을 항상 높여야 한다.

만일 내 생각과 마음과 영이 오직 주 예수 그리스도께 고정되면 다른 사람들과 다른 이상들은 사라지게 될 것이다. 그러면 나는 은혜 가운데 자라나게 된다. 사역자의 삶에서 가장 두드러진 특징은 예수 그리스도가 더욱 그의 삶에서 높아지는 것이다. 사역자의 마음속의 동기는 감상이 아니라 언제나 주를 향한 열정이다. 또한 사역자의 영혼 속에서 타오르는 열정은 성령의 열정이어야 한다. 주께서 나를 위해 해주신 것이 많기 때문에 생기는 나의 열정이 되어서는 안 된다.

사역자로서 계산적인 마음을 갖는 것은 언제나 천박한 것이며 비성경적인 것이다. 사역자의 삶의 단 한 가지 자세는 첫째도, 둘째도, 셋째도 오직 예수님이요, 그분 없이는 아무것도 아니라는 마음가짐이다.

죄 자체보다 오히려 소위 옳다는 여러 주장들이 하나님의 사역을 막는다. 이러한 주장들은 어떤 지점에 이르면 예수님의 주장과 부딪힌다. 만일 이러한 갈등이 생기면 무조건 예수님 우선이 되어야 한다는 사실을 기억하라 눅 14:26.

주인의 주권에 성별됨

"그러므로 누구든지 이런 것에서 자기를 깨끗하게 하면 귀히 쓰는 그릇이 되어 거룩하고 주인의 쓰심에 합당하며 모든 선한 일에 준비함이 되리라" 딤후 2:21.

집에 있는 그릇은 그것이 지음을 받은 목적대로 주인에게 쓰일

> 사역자는 주인에게 쓰임받는 것을 최고의 영광으로 삼아야 한다.
> 또한 그 단 한 가지 목표를 위해 자신을 성별시켜야 한다.
> 사역자가 해야할 가장 중요한 일은 전적으로 주를 의지하는 것이다.

때 그 그릇에게는 영광이 된다. 마찬가지로 사역자는 주인에게 쓰임받는 것을 최고의 영광으로 삼아야 한다. 또한 그 단 한 가지의 목표를 위해 자신을 성별시켜야 한다. 곧 사역자는 주께서 원하시는 대로 자신을 사용하시도록 해야 한다.

당신이 주를 섬길 때 다른 사람의 섬김을 모방하지 말라. 그러한 모방은 당신에게 실패가 될 것이다. 당신이 주를 섬기는 데 다른 사람의 영향을 받고 있는가? 아니면 하나님으로부터 직접 음성을 들으며 섬기고 있는가? 우리는 이 땅에 오직 한 가지 목적만을 위해 존재하고 있다. 곧 주인의 쓰임에 합당한 그릇이 되는 것이다.

우리는 하나님을 위해 무엇을 할지 스스로 선택하려고 이 자리에 있는 것이 아니다. 단지 하나님께서 나를 사로잡으셨기 때문에 이 자리에 있다. 선천적 재능은 우리의 섬김과 관계가 없다. 따라서 "내 재능은 이 일에 맞지 않아"라고 말하지 말라.

일 년에 한 학생만이라도 하나님의 부르심을 받는다면 주님께서

이 대학을 유지시키실 충분한 이유가 될 것이다'대학'은 런던에 위치했던 성경대학을 말한다. 1911년 챔버스가 총장으로 있던 성경대학은 제1차 세계대전으로 문을 닫게 되었다. 조직체로서 대학은 아무런 가치가 없다. 이곳은 학문적인 곳이 아니다. 이곳은 하나님께서 친히 사람들의 삶에 역사하시는 곳이 되어야 한다. 하나님께서 당신의 삶에 역사하고 계신가? 아니면 당신은 어떤 종교적 틀과 개념에 사로잡혀 있는 것은 아닌가? 하나님께서는 우리의 삶을 책임지기를 원하신다. 사역자가 해야 할 가장 중요한 일은 전적으로 주를 의지하는 것이다.

주님을 섬기기 위해 온전하여짐

> "그러나 너는 배우고 확신한 일에 거하라 너는 네가 누구에게서 배운 것을 알며 … 이는 하나님의 사람으로 온전하게 하며 모든 선한 일을 행할 능력을 갖추게 하려 함이라"딤후 3:14,17.

당신은 성경을 제대로 사용하고 있는가? 주인을 온전히 섬기려면 성경에 깊게 빠져야 한다. 우리 중에 어떤 사람은 성경의 특정 부분만 애용한다. 그러나 사역자는 성경을 전반적으로 알아야 한다. 주님께서는 우리에게 성경으로부터 계속적인 교훈을 주기를 원하신다.

메시지를 준비할 때 갓난아기의 영적 우유만 만들어내지 않도록 주의하라. 먼저 그 메시지가 당신의 영혼을 영적으로 채울 수 있어야 한다. 계속 배우는 자가 되라. 지름길로 달려가려 하거나 성급하게 깨달으려 하지 말고 당면한 인생의 문제에 대해 성경이 진리를 보여줄 때까지 계속 성경을 붙들고 연구하라. 기억해야 할 것은, 어떤 진리들은 우리가 그 진리를 감당할 수 있는 영적인 성품에 이르지 못했기 때문에 깨달을 수 없다는 점이다. 하나님의 진리에 대한 영적 통찰력은 언제나 우리의 영적 성장과 비례한다는 사실을 잊지 말라.

하나님께서 사역자의 마음속에 넣어주신 생명은 예수 그리스도의 생명이다. 이 생명은 영적인 천진함으로부터 계속 자라나 마침내 영광스러운 실질적인 성품이 된다.

chapter 10
언제든지 쓰임받기 위해

...
주님께 더욱 귀히 쓰임받기 위해 최선을 다하라. 하나님께서 사용하실 수 있는 온전한 도구로 준비되라. 모든 것보다 성경을 대할 때 '성령을 받고 성령을 인정하고 성령을 의지할' 필요를 잊지 말라.

정신적 습관을 개발하라

일반적인 격언을 상기해보자.

"만일 당신이 교육이 부족하다면, 먼저 그 부족한 면을 깨닫고 그 부분을 보완하라. 당신에게 부족한 훈련이 무엇인지 깨달으라."

세상에서도 어떤 분야에서 빼어나기 원하면 집중해야 한다. 그런데 어떻게 하나님을 위한 사역을 하면서 덜 집중하겠는가?

> "내가 이를 때까지 읽는 것과 권하는 것과 가르치는 것에 전념하라"딤전 4:13.

시간을 낭비하지 말라. 주님께 더욱 귀히 쓰임받기 위해 최선을 다하라. 지식을 추구할 것을 결심하라. 하나님께서 사용하실 수 있는 온전한 도구로 준비되라. 성경은 아무리 읽어도 과할 수 없다. 그러나 성경을 읽어야 하는 이유를 잊지 말라. 모든 것보다 성경을 대할 때 '성령을 받고 성령을 인정하고 성령을 의지할' 필요를 잊지 말라.

끊임없이 최상을 목표로 하라

"네가 네 자신과 가르침을 살펴 이 일을 계속하라 이것을 행함으로 네 자신과 네게 듣는 자를 구원하리라" 딤전 4:16.

설교란 하나님께서 세상을 구원하기 위해 정하신 방법임을 기억하라 고전 1:21. 하나님 앞에서 시간을 가지고 최고의 이상적 설교를 만들라. 그러나 자신의 이상에 도달하지 못했을지라도 신경쓰지 말고 계속 노력하라. 절대로 설교가 실패했다고 말하지 말라. 꾸준히 노력하고 적용하면 처음에 어려웠던 것들도 언젠가 쉽게 하게 될 것이다. 지적으로 대충 하려는 유혹을 피하라. 철저한

> 하나님 앞에서 시간을 가지고 최고의 이상적 설교를 만들라.
> 철저한 준비를 하지 않은 것을 "성령을 의지하는 것"이라고 속이지 말라.
> 영적인 일에 부주의한 것은 하나님 앞에 범죄라는 사실을 잊지 말라.

준비를 하지 않은 것을 "성령을 의지하는 것"이라고 속이지 말라. 다음 구절을 잘못 적용하지 말라.

> "너희를 넘겨줄 때에 어떻게 또는 무엇을 말할까 염려치 말라 그때에 무슨 말할 것을 주시리니 말하는 이는 너희가 아니라 너희 속에서 말씀하시는 자 곧 너희 아버지의 성령이시니라"마 10:19-20.

영적인 일에 부주의한 것은 하나님 앞에 범죄라는 사실을 잊지 말라.

개인적인 은사에 집중하라

> "네 속에 있는 은사 곧 장로의 회에서 안수 받을 때에 예언을 통해 받은 것을 가볍게 여기지 말며"딤전 4:14.

주의 사역자로 제대로 준비되기 위해서는 가급적 다른 사람들의 도움을 받지 말아야 한다. 대신 성령을 의지하고 성령께서 당신에게 주신 은사에 집중하라. 당신의 생각을 성경 읽기와 성경 연구로 훈련시키라. 당신이 이해하고 받아들인 모든 내용들은 당신의 기억 속에 남아 있기 때문에 언제든지 사용할 수 있게 될 것이다. 가능한 한 성경을 많이 읽어서 성경이 언제나 당신의 생각과 입술에 가득 차게 하라. 가장 위대한 자원은 성령이시며 그분만이 당신으로 하여금 하나님의 말씀을 자유롭게 사용할 수 있도록 도우신다는 사실을 잊지 말라. 결국 준비되어야 하는 것은 설교뿐 아니라 설교자 자신이다.

영적으로 생각할 수 있도록 자신을 강권하라

"오직 너 하나님의 사람아 이것들을 피하고 의와 경건과 믿음과 사랑과 인내와 온유를 따르며"딤전 6:11.

구원 및 죄사함의 체험을 한 이후에 신앙이 정체될 수 있다. 당신의 마음을 항상 깨어 있게 하고 생동감이 넘치도록 하라. 당신의 마음이 소생되면 다시 잠들지 않게 하라. 뇌는 쉴 필요가 없다. 단지 뇌가 하는 일을 바꿀 필요가 있다. 지능을 사용하는 일은 계속 뇌를 사용할 때 최고의 효과를 거둘 수 있다. 더 많이 사용할수록 더 많은 일을 할 수 있는 것이 뇌이다. 우리는 하나님을 위해 우리의 뇌가 최정상으로 작동할 수 있도록 노력해야 한다. 녹슬지 않도록 항상 뇌를 청소하고 아무 때나 원하는 대로 사용할 수 있도록 정상 상태에 있게 하라.

하나님과 계속 교제를 나누라

"너는 말씀을 전파하라 때를 얻든지 못 얻든지 항상 힘쓰라 범사에 오래 참음과 가르침으로 경책하며 경계하며 권하라" 딤후 4:2.

하나님을 의식 세계 속에서 느끼는 것이 항상 가능한 것은 아니다. 또한 하나님을 의식하는 가운데 느끼는 강렬한 희열의 상태를 계속 유지할 수도 없다. 황홀경을 추구하지 말라. 당신의 삶에 오직 한 가지 목적 외에는 다른 모든 것들을 부수적인 것들이 되게 하라.

"나의 유일한 목적은 나의 입술과 삶으로 예수님을 전파하는 것이다. 이 목표 외에 다른 어떤 관심도 나를 장악하도록 허용하지 않겠다."

이러한 마음자세를 가질 때 다른 모든 것들이 한 가지 목적을 향해 연결된다. 복음 전파에 절대 낙심하지 말라.

chapter 11
설교자의 의무

...
설교자는 자신이 전하는 메시지와 함께 몸소 증인된 삶을 가지고 사람들을 찾아가야 한다. 모든 증거 가운데 가장 위대한 증거는 '내재하시는 증거자' 예수 그리스도이시다.

설교자의 메시지와 증인된 삶

"형제들아 너희를 부르심을 보라 육체를 따라 지혜로운 자가 많지 아니하며 능한 자가 많지 아니하며 문벌 좋은 자가 많지 아니하도다"고전 1:26.

설교자는 그의 부르심이 다른 모든 부르심과 다르다는 사실을 기억해야 한다. 설교자의 인격이 메시지에 베어나와야 한다. 웅변가는 청중에게 맞추어 말을 하고 그들을 열광시킨다. 그러나 성경이 말하는 설교자는 무엇보다 먼저 청중이 듣기 거북해 하고 들으면 분노하게 되는 복음의 메시지를 가지고 다가가야 한다. 복음은 사람들이 거북하게 여기더라도 그들에게 하나님의 권위와 능력으로 임할 것이다.

인간의 깊은 마음속에는 하나님을 거부하는 마음이 있다. 따라서 사람이 구원 받기 전에 먼저 그 사람의 마음의 요새가 성령에 의해 공격당하고 점령되어야 한다. 사람들에게 구원을 받아야 하며 성령 충만을 입어야 한다고 말하는 것은 쉽다. 그러나 설교자들은 그들 가운데 함께 살면서 그들에게 성령으로 충만한 삶이 어떠한지 보여주어야 한다. 설교자는 자신이 전하는 메시지와 함께 몸소 증인된 삶을 가지고 사람들을 찾아가야 한다. 모든 증거 가운데 가장 위대한 증거는 '내재하시는 증거자' 예수 그리스도이시다. 주님은 사람에게 없는 것을 가지고 위로부터 내려오셔서 사람을 구원하려고 사람과 같이 되셨다.

복음을 향한 의무

> "오직 주의 말씀은 세세토록 있도다 하였으니 너희에게 전한 복음이 곧 이 말씀이니라" 벧전 1:25.

복음은 게으른 군중들에게는 너무 깊고 오묘하지만, 산만한 사색가들에게는 어리석게 느껴질 만큼 간단하다.

복음을 제시하지 않을 것이라면 설교해서는 안 된다. 사역자는 어떤 개인적인 논리나 신조나 경험을 주장하기 위해 단 위에 서는 것이 아니다. 오직 복음을 제시하기 위해 그곳에 선다. 만일 개인적으로 복음을 체험한 적이 없다면 복음을 설교할 수 없을 것이다. 이러한 이유 때문에 상당히 많은 설교자들이 고급문화의 유산은 될 수 있어도 온전한 주님의 도구는 될 수 없는 것이다.

사람들은 하나님과 바른 관계를 맺기 전까지는 복음을 듣기 싫어한다. 그들에게는 복음을 향한 괘한 분개함이 있다.

"거듭남이나 거룩함에 대해 말씀하지 않았으면 합니다. 대충 좋은 이야기만 해주시기 바랍니다."

"당신이 지금 어떤 대상들에게 말씀하시는지 알고 계십니까?"

"아주 쉬운 내용만 설교하시기 바랍니다. 생각을 많이 하게 하는 설교는 졸립니다."

이러한 상황에서 만일 당신이 사람의 기준에 맞추려 한다면 당신은 절대로 복음을 설교하지 못하게 될 것이다. 복음은 사람들과 동떨어져 있다. 그러나 주님을 향한 사역자의 의무는 복음을 설교하는 것이다.

교회를 향한 의무

"자기 앞에 영광스러운 교회로 세우사 티나 주름 잡힌 것이나 이런 것들이 없이 거룩하고 흠이 없게 하려 하심이라" 엡 5:27.

교회는 세상을 이끌거나 세상을 흉내내서는 안 된다. 교회는 세상과 맞부딪칠 수밖에 없다. 교회의 특징은 초자연적이다.

교회는 세상이 갈급해하지만 분개하는 메시지를 가지고 세상과 맞부딪쳐야 한다. 왜냐하면 교회는 그리스도의 십자가를 통해 태어났기 때문이다. 모든 시간과 영원의 중심에는 하나님의 모든 계획인 '십자가'가 있다갈 6:14. 세상이 썩어지면 세상은 교회를 탓한다. 그러나 세상이 번영하면 교회를 미워한다. 세상은 예수 그리스도의 교회가 제시하는 기준을 없앨 수만 있다면 반드시 그렇게 할 것이다. 그러나 위기가 찾아오면 세상은 교회가 말하는 절대 기준을 필요로 하게 된다.

설교자는 주님의 기준을 낮추려는 것들을 향해 강력하게 대항할 수 있어야 한다. 설교자에게는 말씀으로 세상을 대항할 수 있는, 하나님께로부터 부여받은 특권이 있다. 설교자는 경력을 쌓기 위해 이 길로 온 것이 아니다. 그리스도의 복음으로 세상과 맞부딪치도록 부름을 받았다.

교회는 세상이 무시할 수 없는, 그리고 교회 없이는 존재할 수 없는 제어력을 소유하고 있다. 바로 우리 주 예수 그리스도의 통치이다.

설교자는 주님의 기준을 낮추려는 것들을 향해 강력하게 대항할 수 있어야 한다. 설교자에게는 말씀으로 세상을 대항할 수 있는, 하나님께로부터 부여받은 특권이 있다.

공동체를 향한 의무

"만일 우리가 사람들의 증언을 받을진대 하나님의 증거는 더욱 크도다 하나님의 증거는 이것이니 그의 아들에 대하여 증언하신 것이니라" 요일 5:19.

당신은 사람들에게 그리스도의 속죄의 사역 안에서만 하나님과 바른 관계를 맺을 수 있다는 사실을 말해야 한다. 그렇지 않으면 결코 하나님과 올바른 관계를 가질 수 없다.

주님께서는 사람이 그리스도의 속죄를 통해야만 하나님과 바른 관계를 맺을 수 있음을 가르치셨다. 예수 그리스도는 누구든지 하나님과의 바른 관계를 맺게 하실 수 있다.

절대로 청중의 비위를 맞추려고 하나님의 복음을 희석시키거나 축소시키지 않도록 주의하라. 더하거나 감하지 말고 과감하게 복음을 전하라. 하나님께서 주의 진리인 복음을 친히 보호하실 것이다.

chapter 12
설교자로서 주의할 점

...
똑똑한 척하지 말라. 대신 신중하라. 논쟁을 하지 말라.
대신 구별된 말씀이 되게 하라. 자만하지 말라. 대신 집중
하라.

똑똑한 척하지 말라

당신이 본문을 선택하지 말고, 본문이 당신을 택하게 하라. 영리함이란 다른 사람이 하는 것보다 뭔가를 더 잘할 수 있는 것을 말한다. 그러나 당신은 당신의 영리함을 늘 감추도록 하라. 성령께서는 영리한 것을 원치 않으신다. 성령은 하나님의 사역자 안에서 숨을 쉬듯 자연스럽게 역사하기를 원하신다. 이때 성령은 언제나 가장 단순한 방법을 사용하신다.

당신의 인격적인 생명이 하나님 안에서 그리스도와 함께 숨겨져 있지 않으면 당신의 자연적인 재능이 계속 당신을 이끌 것이다. 그러나 사역자는 이러한 삶을 지속하면 안 된다. 그럴 경우 하나님의 징계를 초래할 뿐이다. 본문이 당신을 선택할 때 성령께서 내적으로 당신에게 감동을 주실 것이며 그 의미를 깨닫게 해주실 것이다. 본문과 씨름하는 가운데 회중을 향한 당신의 메시지를 이끌어내도록 하라.

신중하라

다른 사람에 의해 발견된 것들은 그것들이 당신에게 재발견되기까지 당신에게 아무런 유익이 되지 않음을 기억하라. 당신의 눈을 잘 볼 수 있도록 돕는 여러 지적 도구들을 삼가라. 대신 그러한 도구들을 분별하는 능력과 말씀을 스스로 깨닫는 능력을 키우라. 당신이 아무리 노력해도 마땅한 설명을 찾아낼 수 없을 때에만 다른 사람의 설명을 참조하도록 하라.

논쟁을 하지 말라

논란이 되는 본문을 선택하지 말라. 그러할 경우 당신은 당신 자신에게 해를 끼치게 될 것이다. 논쟁이 될 만한 본문을 택하는 것은 경솔한 마음에서 나오는 무모한 행동이지 하나님을 의식한 담대함이 아니다. 기억하라. 하나님은 우리에게 복음을 선포하라고 부르셨다. 물론 어떤 사람은 논쟁을 통해 자신의 지적 실력을 보여주려고 하지만 천 명 중 한 사람도 이를 통해 영적 유익을 얻지 못한다. 절대로 당신이 알지 못하는 것을 비난하지 말라.

구별된 말씀이 되게 하라

당신 자신이 누구인지 결코 잊지 말라. 당신이 어떠한 사람이었으며 하나님에 의해 어떻게 변했는지를 잊지 말라. 당신의 삶 속에서 하나님의 진리에 의해 깨닫게 된 것들을 당신의 표현으로 다시 말해 보라. 그 진리가 당신을 통해 다른 사람에게 전달될 수 있도록 주님께 역사하실 기회를 드리라.

자만하지 말라

자만이란 자신의 관점만 중요하게 여기고 다른 사람들이 말하는 것을 무시하는 자세이다. 바울은 말한다.

> "높은 데 마음을 두지 말고 도리어 낮은 데 처하며 스스로 지혜 있는 체 말라" 롬 12:16.

자만은 하나님께서 나를 개인적으로 다루신 방법을 하나의 표준으로 만들어 다른 사람을 강요하게 한다. 그러나 우리는 나의 체험의 표준이 아니라 진리 되신 우리 주 예수 그리스도를 전파하기 위해 부름을 받았다. 사역자가 사람들에게 특별한 관심의 대상이 될수록 그는 주님으로부터 멀어지고 있다는 사실을 기억하라.

집중하라

하나님의 말씀을 해석하려는 끈질긴 노력은 정신적으로 매우 피곤한 일이다. 그러나 하나님의 말씀이 사역자에게 말씀하도록 할 때 그 말씀은 사역자를 새롭게 한다. 반면 게으른 자들은 힘든 성경 해석보다는 많은 수고가 필요 없는 영적 해석을 더 좋아한다. 그러나 사역자는 다른 사람을 먹이기 위해 하나님의 말씀을 연구하는 자들이라는 사실을 잊지 말라. 설교자는 기록된 계시를 다루는 자들이지 기록되지 않은 영감을 다루는 자들이 아니다. 자기의 유익을 위해 성경을 취하지 말라. 설교자는 하나님의 말씀이 의미하는 바에 집중할 수 있어야 한다.

성경을 깨닫기 힘든 이유는 우리의 삶 가운데 하나님께 순종하지 않는 부분이 있기 때문이다. 그러나 우리가 순종하는 즉시 하나님의 말씀은 열릴 것이다. 사역자는 주께서 말씀을 주시는 특별한 때뿐만 아니라 일상적인 때에도 언제나 하나님과 동행해야 한다. 만일 하나님께서 말씀을 주지 않으실 때 스스로 괜찮다고 속이지 말라. 마치 숨이 막힐 때 뭔가 잘못된 것처럼 당신에게 영적으로 뭔가 잘못된 것이니 빨리 치유해야 한다.

하나님께서 초자연적인 방법으로 당신을 인도하시는 것은 언제나 예외적인 사건임을 기억하라. 성령의 역사는 예수 그리스도의 일상적인 삶으로 나타나셨다. 어떠한 대가를 치르더라도 하나님과의 인격적인 관계를 유지하라. 당신의 영혼과 하나님 사이에 아무것도 끼어들지 못하게 하라. 그러나 주님을 더 알게 하는 것이 있다면 뭐든지 환영하라.

> 성경을 깨닫기 힘든 이유는 우리의 삶 가운데
> 하나님께 순종하지 않는 부분이 있기 때문이다.

chapter 13
가장 중요한 것을
첫째로 하라!

...
당신이 서는 단은 하나님의 진리를 제시하기 위한 엄숙한 단이다. 사람을 향한 사랑이 아니라 주님을 향한 사랑 때문에 단에 서도록 하라.
참된 설교자가 되려면 언제나 구세주 예수 그리스도를 대면하고 있어야 한다.

예수 그리스도의 완벽성

"사람의 모양으로 나타나사 자기를 낮추시고 죽기까지 복종하셨으니 곧 십자가에 죽으심이라"빌 2:8.

사역자는 예수님께서 예수님 자신에 대해 설명하신 것 외에 예수님을 다르게 설명하려는 자들에게 조그마한 틈이라도 주어서는 안 된다. 예수 그리스도는 자신을 '인자'사람의 아들라고 부르셨다. 이 의미는 사람의 대표라는 뜻이다. 그리스도의 완벽성을 하나님의 완벽성으로 이해하지 말라. 서로 같은 것이 아니다. 전능하신 하나님의 거룩은 완벽한 것이다. 하나님의 거룩은 어떤 대항 세력을 이기며 성장하는 거룩이 아니다. 그러나 인자가 보여주신 거룩은 대항 세력을 물리침으로 표현되는 거룩이었다. 즉, 예수님의 거룩은 불순종과 순종의 선택 가운데서 순종을 선택함으로 만들어진 전인격적인 거룩이었다. 주님의 순종이 저절로 되는 기계적인 순종이 아니었음을 기억하라.

우리는 그리스도를 역사적 인물로 보아야 한다. 그분은 공상 세계에 나오는 요정 같은 존재가 아니라 실제 사람이셨다. 주님은 이 땅에서 사람으로서 제한된 삶을 사셨으며 당시 사람들과 같은 삶을 사셨다. 주님은 자신의 의식 속에서 하나님께 순종하는 삶을 선택하셨으며 불순종을 거절하셨다.

예수 그리스도를 제시할 때 우리와는 전혀 관계없는 존재, 곧 하늘에서 떨어져 기적을 행하는 초인으로 나타내는 것은 전혀 복음이 아니다. 복음이 제시하는 그리스도는 이 땅에 오신 분으로서 우리와 똑같은 삶을 사셨고 우리와 똑같은 연약한 몸을 소유하셨다. 하나님이신 주님은 인간들로 하여금 하나님과의 관계를 회복시키기 위해 '사람'이 되셨던 것이다. 사람이 되신 주님께서는 자신의 죽음과 부활을 통해 그 누구라도 하나님과 바른 관계를 맺을 수 있도록 하셨다. 이를 위해 예수 그리스도는 인간의 속성을 완벽하게 취하셨다.

성경의 완벽성

"기록되었으되 내가 거룩하니 너희도 거룩할지어다 하셨느니라 외모로 보시지 않고 각 사람의 행위대로 심판하시는 이를 너희가 아버지라 부른즉 너희가 나그네로 있을 때를 두려움으로 지내라 너희가 알거니와 너희 조상이 물려준 헛된 행실에서 대속함을 받은 것은 은이나 금같이 없어질 것으로 된 것이 아니요 오직 흠 없고 점 없는 어린 양 같은 그리스도의 보배로운 피로 된 것이니라 그는 창세 전부터 미리 알린 바 되신 이나 이 말세에 너희를 위하여 나타내신 바 되었으니 너희는 그를 죽은 자 가운데서 살리시고 영광을 주신 하나님을 그리스도로 말미암아 믿는 자니 너희 믿음과 소망이 하나님께 있게 하셨느니라"벧전 1:16-21.

> 하나님의 뜻을 알 수 있는 유일한 비결은 마음으로부터 순종하는 것이다.
> 즉, 하나님의 뜻을 아는 것은 지적 분별이 아니라
> 영적 분별이다.

성경이 사람에게 주는 교훈은 언제나 전인격적인 반응을 요구한다. 즉, 성경의 교훈은 마음으로 응답해야 하는 것이지 머리로 이해하는 것이 아니다. 종종 당신은 "이 문제에 있어서 하나님의 뜻이 무엇인지를 알고 싶습니다"라고 말하지만 점점 안개 속으로 들어가는 때가 있다. 그 이유는 순종하지 않고 머리로만 하나님의 뜻을 알려고 하기 때문이다. 하나님의 뜻을 알 수 있는 유일한 비결은 마음으로부터 순종하는 것이다. 즉, 하나님의 뜻을 아는 것은 지적 분별이 아니라 영적 분별이다.

"너희는 이 세대를 본받지 말고 오직 마음을 새롭게 함으로 변화를 받아 하나님의 선하시고 기뻐하시고 온전하신 뜻이 무엇인지 분별하도록 하라"롬 12:2.

나의 영적인 성품이 내게 임하는 하나님의 계시를 결정한다. 성경은 지혜자들의 예리한 추측들이 아니라 초자연적인 계시이다. 하나님의 계시를 다룰 때는 언제나 순종 또는 불순종의 문제가 따른다. 오늘날 여러 설교자들이 '주관적인 신학'을 외치고 있다. 그 내용은, 인간의 내면 속에는 스스로를 구원할 수 있는 능력이 있다는 가르침이다. 이러한 가르침은 철저하게 비성경적이다.

성경이 제시하는 복음은 계시의 완벽성에 근거를 둔 것으로서 사람의 상식으로는 깨달을 수 없다. 사람이 구원을 받는다는 것은 인간의 깊은 내면에서 뭔가를 펌프질하여 꺼내는 것이 아니라 반드시 외부로부터 새 생명이 들어와야 함을 의미한다.

설교자는 오직 하나님의 계시에 기초해야 하며 그 계시를 신뢰해야 한다. 그 이유는 그 계시를 주신 분의 성품을 우리가 믿기 때문이다. 우리 주 예수 그리스도께서는 창세기부터 요한계시록까지의 모든 계시를 우리에게 주셨다. 그리고 그 계시 가운데 주님의 자취를 남기셨다.

죄와 거룩의 절대성

"이기는 자는 이것들을 상속으로 받으리라 나는 그의 하나님이 되고 그는 내 아들이 되리라 그러나 두려워하는 자들과 믿지 아니하는 자들과 흉악한 자들과 살인자들과 음행하는 자들과 점술가들과 우상 숭배자들과 거짓말하는 모든 자들은 불과 유황으로 타는 못에 던져지리니 이것이 둘째 사망이라"계 21:7-8.

죄와 거룩은 궁극적으로 절대적이다. 중간은 없다. 주님께서는 인간의 마음속에 있는 근본적인 죄에 대해 말씀하셨다.

"속에서 곧 사람의 마음에서 나오는 것은 악한 생각 곧 음란과 도둑질과 살인과 간음과 탐욕과 악독과 속임과 음탕과 질투와 비방과 교만과 우매함이니 이 모든 악한 것이 다 속에서 나와서 사람을 더럽게 하느니라"막 7:21-23.

많은 사람들이 이 계시를 전혀 모르고 있다. 사람의 삶 가운데 죄와 거룩은 반드시 등장한다. 죄는 우리 중 몇 사람 안에 있는 것이 아니라 모든 사람들 안에 자리 잡고 있다. 만일 사람이 절대적으로 거룩하지 않다면 그 사람이 아무리 선하게 보여도 부정한 사람이다. 죄는 모든 것의 뿌리에 놓여 있다. 비록 죄가 사람들이 볼 수 있도록 밖으로 정체를 드러내지 않을지라도 하나님을 속일 수 없기에 결국 그 정체를 드러낸다. 성경은 누구든지 예수 그리스도 없이는 결코 안전할 수 없다고 말한다. 그 이유는 사람들의 내면에는 '죄'라고 불리는 무서운 반역의 세력이 도사리고 있기 때문이다.

"이 모든 악한 것이 다 속에서 나와서 사람을 더럽게 하느니라"^{막 7:23}.

> 성경은 누구든지 예수 크리스도 없이는 결코 안전할 수 없다고 말한다. 그 이유는 사람들의 내면에는 '죄'라고 불리는 무서운 반역의 세력이 도사리고 있기 때문이다.

대부분의 사람들은 인간의 마음속의 악의 가능성에 대해 뻔뻔할 정도로 무지하다. 상식과 주님의 말씀이 상충되면 절대로 상식을 믿지 말라. 당신의 설교가 인간의 속성 안에 있는 달콤한 순진함에 호소하는 것인지 아니면 예수 그리스도의 계시를 근거로 하는 것인지 확인하라. 당신의 설교로 인해 한 사람이라도 성경의 세리처럼 "하나님이여, 불쌍히 여기옵소서. 저는 죄인입니다"라고 절규하게 되면, 이때 당신은 당신의 설교를 통해 한 영혼을 얻은 것이다.

이러한 사건은 전우주적인 사건임을 잊지 말라. 그 사람은 자신이 누구인지 마침내 깨닫게 된 것이며 자신은 죄악으로 가득 찬 부정한 사람이기에 구원이 필요함을 알게 된 것이다. 아무도 선하지 않음을 기억하라. 무엇보다 당신 자신이 선하지 않음을 명심하라.

자연적인 선함은 언제나 무너질 수밖에 없기 때문에 실망을 안긴다. 그 이유는 성경이 "만물보다 거짓되고 심히 부패한 것은 마음이라 누가 능히 이를 알리요마는"이라고 말했기 때문이다렘 17:9. 하나님께서 주 예수 그리스도의 중생케 하시는 역사를 통해 우리 안에 심겨 놓으신 것이 아니면 우리 안에 있는 그 어떤 것도 신뢰하지 말라. 또한 다른 사람에게 있어서도 그 사람 안에 있는 새 생명 외에 아무것도 신뢰하지 말라.

당신이 서는 단은 하나님의 진리를 제시하기 위한 엄숙한 단이다. 그 단은 외로운 단이 될 것이다. 그 이유는, 사람들은 당신의 복음의 메시지를 향해 분개할 것이기 때문이다. 예수 그리스도의 복음은 언제나 강렬한 갈급함을 야기시키지만 동시에 강렬한 분개를 야기시킨다.

사람을 향한 사랑이 아니라 주님을 향한 사랑 때문에 단에 서도록 하라. 사람을 사랑하면 부정과 죄악을 연약함이라고 부르게 될 것이며 거룩을 단순한 갈망으로 바꾸게 될 것이다. 그러나 주님을 사랑하면 부정한 것을 마귀적이라고 부를 것이며 거룩은 하나님의 빛 가운데서 설 수 있는 유일한 길이라고 선포하게 될 것이다. 참된 설교자가 되려면 언제나 구세주 예수 그리스도를 대면하고 있어야 한다.

chapter 14
복음 설교
: 우리 구원의 기원

...
설교자로서 사람의 조건을 기억하지 말라. 오직 구원을 위한 굵직한 사건들 곧 죄사함과 거듭남을 기억하라. 그러한 사건들을 감추려고 시도하지 말라.
복음을 부끄러워하지 말라.

하나님의 위대한 생각

"우리 주 예수 그리스도의 능력과 강림하심을 너희에게 알게 한 것이 교묘히 만든 이야기를 따른 것이 아니요 우리는 그의 크신 위엄을 친히 본 자라"벧후 1:16.

계시는 근본적으로 내 영혼에 있는 것이 아니라 역사의 고리와 물려 있는 사건 속에 있다.

복음을 설교하면서 기억해야 하는 것은 구원이란 우리의 체험이기 이전에 하나님의 위대한 생각이라는 점이다. 체험은 구원이 우리의 의식 세계로 들어오는 입구이며 예수 그리스도와 바른 관계가 맺어질 때 나타나는 증거이다. 절대로 체험을 설교하지 말라. 그 체험 뒤에 놓여 있는 하나님의 위대한 생각을 설교하라. 사람들이 영적으로 정체되는 이유는 자신들의 체험의 그림자를 넘어서서 모든 체험을 초월하시는 하나님의 생명으로 들어가지 못하기 때문이다. 예수 그리스도가 '그 계시'이며 우리의 모든 체험은 주님께로 따라올라가 그분 안에 거하게 하는 도구가 되어야 한다.

구원의 초자연성

"우리는 그리스도 안에서 그의 은혜의 풍성함을 따라 그의 피로 말미암아 속량 곧 죄사함을 받았느니라"엡 1:7.
"내가 네게 거듭나야 하겠다 하는 말을 놀랍게 여기지 말라 바람이 임의로 불매 네가 그 소리는 들어도 어디서 와서 어디로 가는지 알지 못하나니 성령으로 난 사람도 다 그러하니라"요 3:7-8.

복음은 우리의 자원의 승리가 아니라 우리의 가난에 대한 하나님의 선물이다. 기독교의 굵직한 사건들에 근거하지 않은 잘못된 영성을 조심하라. 굵직한 사건들 중 하나는 죄악에 대한 용서이다.

죄사함은 하나님의 은혜의 기적이다. 당신은 하나님께서 주 예수 그리스도의 죽음을 통해 우리의 모든 죄악에 대해 완전하게 용서하셨다는 그 놀라운 사실을 깊이 묵상해본 적이 있는가? 죄사함은 우리가 죄송해하기 때문에 허락되는 것이 아니라 순전히 주님의 자비 때문에 받는 것이다. 하나님의 용서는 오직 초자연적인 영역에서 자연스럽게 허락되는 것이다.

또 다른 굵직한 사건은 거듭남이다. 곧 성령의 초자연적인 재창조를 수단으로 당신에게 새 생명이 침투해야 한다는 말씀이다. 성령으로 거듭나는 것은 바람처럼 신비한 사건이지만 하나님의 가장 분명한 역사이다. 기독교 내에 이러한 초자연적인 역사를 희석시키려는 경향을 주의하라.

구원의 본질

"우리가 다 하나님의 아들을 믿는 것과 아는 일에 하나가 되어 온전한 사람을 이루어 그리스도의 장성한 분량이 충만한 데까지 이르리니 이는 우리가 이제부터 어린아이가 되지 아니하여 사람의 속임수와 간사한 유혹에 빠져 온갖 교훈의 풍조에 밀려 요동하지 않게 하려 함이라 오직 사랑 안에서 참된 것을 하여 범사에 그에게까지 자랄지라 그는 머리니 곧 그리스도라 그에게서 온몸이 각 마디를 통해 도움을 받음으로 연결되고 결합되어 각 지체의 분량대로 역사하여 그 몸을 자라게 하며 사랑 안에서 스스로 세우느니라"엡 4:13-16.

사람의 극한 상황은 구세주 하나님의 가장 중심 된 자원들을 이끌어낸다.

사역자의 개성이 종종 복음을 가릴 때가 있다. 그 이유는 제시된 진리에 의해 사람들의 발이 끌리는 것이 아니라 진리를 제시하는 사역자의 개성이 너무나 강해 그 힘에 빨려들어가기 때문이다. 물론 하나님께서는 특이한 개성을 사용하셔서 무시되었던 진리를 강조하시기도 한다. 그러나 사역자가 어떤 개성을 가졌든지 그는 구원의 지식을 전달하기 위한 도구일 뿐이다.

"그는 흥하여야 하겠고 나는 쇠하여야 하리라" 요 3:30.

이것이 복음을 전하는 설교자의 유일한 기준이다. 세례 요한은 개성에 근거한 설교자가 되려는 자세가 얼마나 잘못된 것인가를 말해준다. 설교자의 자격은 오직 선포되는 복음의 '메시지' 때문이어야 한다.

설교자는 사람의 조건을 채워주는 그리스도가 아니라 사람의 근본적인 필요를 만족시키는

> 설교자의 자격은 오직 선포되는 복음의 '메시지' 때문이어야 한다.
> 설교자는 사람의 조건을 채워주는 그리스도가 아니라 사람의 근본적인
> 필요를 만족시키는 완벽한 그리스도를 전해야 한다.

완벽한 그리스도를 전해야 한다.

많은 설교자들이 그리스도의 박애적인 면을 설교한다. 유가족을 향한 주님의 동정심, 고통과 죄로 물든 이 세상에서 사람들이 당하는 슬픔을 위로하시는 예수님을 말한다. 사람들은 자신들의 고통의 문제를 해결해주시는 그리스도에 대해 들을 때 관심을 갖고 귀를 기울이게 된다. 그러나 설교자는 사람의 근본적인 필요를 만족시키는 하나님의 복음을 전해야 한다. 따라서 이를 위해 그들의 진정한 필요가 무엇인지를 드러내야 하는데, 이때 그들은 분개한다.

"예수 그리스도께서 내게 내리신 판결을 나는 인정할 수 없습니다. 그분이 나에 대해 죄악이 가득한 죄인으로 판결하신 것을 절대 믿을 수 없습니다."

사람들은 예수 그리스도께서 인간의 부패한 마음에 대해 말씀하신 것을 절대로 믿지 않는다. 오직 성령께서 그들의 마음속에 주님께서 진단하신 것이 깜짝 놀랄 만한 진리임을 계시하실 때에야 그들은 자신들의 사악함을 인정하게 된다마 7:20-23.

바울은 자신이 전하는 복음에 관한 한, 사람들에게 어떠한 말을 들어도 절대로 부담을 갖지 않았다. 바울의 마음속에 흐르는 간절한 호소는 오직 예수 그리스도의 십자가였다고전 2:2. 하나님의 찢겨진 마음인 구속의 비극십자가을 선포하는 설교자는 언제나 인간의 조건과 비극을 동정하는 척하며 복음을 대항하는 여러 방해꾼들을 만나게 된다.

그러나 설교자로서 사람의 조건을 기억하지 말라. 오직 구원을 위한 굵직한 사건들 곧 죄사함과 거듭남을 기억하라. 그러한 사건들을 감추려고 시도하지 말라. 복음을 부끄러워하지 말라.

chapter 15

제자도의 **십자가**

...
제자도는 언제나 본인의 선택에 달려있다. 한편에는 세상의 화려함과 아름다움이 있고 다른 편에는 예수 그리스도를 따라야 하는 거친 훈련의 길이 있다. 이러한 선택의 갈림길에서 주의 제자로 부름을 받고 따라야 주의 제자훈련에 속하게 된다.

제자가 짊어져야 하는 십자가

"예수께서 이르시되 여우도 굴이 있고 공중의 새도 거처가 있으되 인자는 머리 둘 곳이 없다 하시더라" 마 8:20.

"이르시되 죽은 자들로 자기의 죽은 자들을 장사하게 하고 너는 가서 하나님의 나라를 전파하라 하시고 또 다른 사람이 이르되 주여 내가 주를 따르겠나이다마는 나로 먼저 내 가족을 작별하게 허락하소서" 눅 9:60-61.

주님께서 인정하지 않으시는 제자훈련이 있다. 이는 복음의 존엄성에 어울리지 않는 방법으로써, 사람들을 주님께 돌아가도록 강요하는 방법이다. 물론 이들은 예수님께서 그들을 위해 엄청난 역사를 이루셨다는 선상에서 설득한다. "주님을 향한 감사한 마음으로부터 당신이 주를 위해 하실 일은 없나요?"라고 말한다. 그러나 예수님께 동정심을 갖게 함으로써 하나님과 관계를 맺도록 하는 방법은 주님께서 결코 인정하지 않으신다.

주님께서는 그 누구에게도 무조건 자신을 따라오라고 강요한 적이 없으시다. 또한 즉각적이고 열정적인 충동에 의해 주를 따르는 것도 원하지 않으셨다. 주님은 누군가에게 제자가 되라고 결코 부탁한 적이 없으시며 결코 덫을 놓아 그를 사로잡지도 않으셨다. 오히려 주님은 제자훈련을 아주 좁게 만들어 놓으시고 주님을 좇는 자들에게 여러 조항을 엄격하게 제시하셨다. 그러나 오늘날 교회는 주님께서 언급하신 제자도의 엄격한 내용들을 없애려는 경향이 있다.

예수님께서 말씀하신 내용은 지키기가 어렵다. 그러나 주님의 제자들에게는 쉽다. 주님께서는 제자도를 말씀하실 때 "만일"이라는 말씀으로 시작하셨다. 절대로 "너는 … 해야만 한다"라고 강력한 주장을 하지 않으셨다. 제자도는 언제나 본인의 선택에 달려 있다.

최근 예수님의 제자가 되는 길에서 십자가의 국면이 거의 상실되고 있다. 십자가는 더 이상 단호한 영웅적 결단과 희생이 아니라 아름답고 소박한 상징이 되어버렸다. 그러나 주님은 그리스도인의 삶을 사는 것이 쉽다고 말씀하지 않으셨다. 오히려 주께서는 사람들에게, 그리스도인은 여러 환난을 당할 것이라고 하셨다. 주님은 그리스도인으로서 당하는 환난이야말로 십자가를 지는 것으로 표현하셨다.

예수님께서 우리를 제자로 부르신 것은 어떤 부흥의 역사를 일으키기 위한 것이 아니다. 기억해야 할 것은 예수님께서 우리를 제자로 부르시는 때는 주님께서 높아지신 때가 아니라 오히려 우리가 높아져 있는 때라는 사실이다. 우리는 이때 누구에게도 강요받지 않고 완벽하게 자유로운 결정을 내릴 수 있다. 한편에는 세상의 화려함과 아름다움이 있고 다른 편에는 예수 그리스도를 따라야 하는 거친 훈련의 길이 있다. 이러한 선택의 갈림길에서 주의 제자로 부름을 받고 따라야 주의 제자훈련에 속하게 된다.

또한 우리 주님은 우리가 어떤 열광적인 상태에 빠져 자신이 무엇을 하는지도 모른 채 즉흥적으로 주님을 따르는 결정을 내리는 것을 허락하지 않으신다. 주의 제자의 길을 결정할 때 우리는 균형 잡힌 의식 가운데 있어야 한다. 바로 이러한 이유 때문에 분명 주 예수 그리스도의 부르심은 우리 속에 강력한 간절함을 불러일으키지만 동시에 강한 거부감을 일으키는 것이다. 또한 이러한 이유로 인해 설교자들은 언제나 의지의 문제를 다루어 회중에게 바른 결정을 내릴 수 있도록 도와야 한다.

자기 십자가의 의미

"이에 예수께서 제자들에게 이르시되 누구든지 나를 따라오려거든 자기를 부인하고 자기 십자가를 지고 나를 따를 것이니라" 마 16:24.

다음 번에 이 구절을 읽을 때 모든 감상적인 느낌을 철저하게 배

제한 후 다시 읽어보라.

예수님께서 이 말씀을 하셨을 때 어떠한 의미로 십자가를 언급하셨는지 아는가? 적어도 이때 주님께서 십자가를 말씀하신 이유는 아름다운 감상 속에서 영웅 심리를 부추기기 위한 것이 아니다. 예수님의 '십자가'는 그분이 친히 지셔야 하는 형벌이다. 즉, 살을 찢는 흉측한 망치와 못! 주께서는 그렇게 무섭고 잔인한 의미로 그 용어를 사용하셨다.

지난 20세기 동안 사람들은 십자가를 감상으로 덮어버렸다. 우리는 자리에 앉아 예수님의 십자가의 죽으심에 대한 설교를 들으면서 눈시울을 적시곤 한다. 그러나 너무나 소수의 사람만이 "자기를 부인하고 자기 십자가를 지고 나를 따를 것이니라"는 의미를 깨닫는다.

그리스도의 십자가는 유일하며 홀로 서 있다. 우리는 '주님의 십자가'를 지도록 부름을 받은 적이 없다. 우리는 각자에게 주어진 십자가를 져야 한다. 그런데 우리의 십자가는 예수 그리스도와 특별한 관계를 맺을 때에만 주어진다. 이때 '내 십자가'란 바로 나 자신에 대한 권리를 포기하는 것을 의미한다. 따라서 주님께서 말씀하시는 '자기 십자가'는 자신의 양심 때문에 당하는 고통이나 죄책감에 의한 것이 아니다. 사실 예수님에 대해 아무것도 모르고 주님과 아무런 관계가 없는 사람도 양심으로 인한 고통을 당하고 있지 않은가! 그러한 사람들도 죄책감으로 인해 고통을 당한다. 사회의 소금이라고 믿는 사람들도 그리스도인이 아니어도 자신의 책임을 다하지 못할 때 고통을 느낀다.

주께서 말씀하신 '자기 십자가'란 주님께 내 모든 권리를 맡기고 주님만을 따를 때 오는 고난의 체험들을 의미한다. 결론적으로 '예수 그리스도의 십자가'는 계시이다. 그러나 '우리의 십자가'는 예수님과의 특별한 관계를 맺음으로써 오는 삶의 고난의 체험들이다.

예수님의 마음에 있었던 십자가의 의미는 주님을 따르는 자들에게도 동일한 의미로 다가온다. 곧 십자가는 하나님의 뜻을 행함으로 오는 고난을 말한다. 지금은 이러한 십자가의 의미가 사라지고 없다. 오히려 우리가 거룩해지면 모든 것이 형통할 것이라고 생각한다. 정말 그러한가? 바울의 삶이 세상적으로 볼 때 형통한 삶이었는가? 예수님의 삶은 어떠했는가? 제자도는 우리의 관심이 주님의 관심과 같아진다는 뜻이요, "그리스도의 남은 고난을" 내 육체에 채우는 것을 의미한다골 1:24. 중요한 것은 우리가 거듭남으로 깨끗케 되어 우리 주님과 일치가 된 후에야 비로소 우리는 우리 십자가의 의미가 무엇인지를 이해하기 시작한다는 점이다.

주께서 말씀하신 '자기 십자가'란 주님께 내 모든 권리를 맡기고 주님만을 따를 때 오는 고난의 체험들을 의미한다. 그러나 '우리의 십자가'는 예수님과의 특별한 관계를 맺음으로써 오는 삶의 고난의 체험들이다.

고난으로 이끄는 십자가

"내가 세상에 화평을 주러 온 줄로 생각하지 말라 화평이 아니요 검을 주러 왔노라" 마 10:34.

마태복음 10장 16-39절을 다시 잘 읽어보라. 대부분의 성도들은 예수 그리스도께서 쓴 잔을 마시셨기 때문에 자신들이 이 땅에서 모든 축복을 누리게 되었다고 생각한다. 물론 우리가 예수님 덕분에 이 땅의 축복을 받는 것도 사실이다. 그러나 우리가 잊지 말아야 하는 것은 주님을 위해 부어지는 포도주는 짓눌러진 포도로 만들어진다는 사실이다. 따라서 예수님을 따르는 것은 주님을 따름으로 인한 삶의 고난을 포함하며 이것이 하나님의 뜻이다. 그럼에도 우리는 불평을 하며 자신을 위한 공평을 구한다. 억울하고 불공평하다는 것이다.

당신이 복음의 사역자로서 자신과 관련한 공평을 구한다면 당신은 곧 자기연민이나 낙심에 빠져 가방을 싸고 주님의 제자도의 길을 포기하게 될 것이다. 그러므로 절대로 자신을 위해 공평을 구하지 말라. 억울한 일이 발생하면 당하라. 끝까지 남들에게 주라. 또한 예수 그리스도 때문에 가지게 된 만남을 유지하라. 아무리 불쾌한 만남이라도 참으라.

"내 계명은 곧 내가 너희를 사랑한 것같이 너희도 서로 사랑하라 하는 이것이니라" 요 15:12.

이 말씀은 제자들이 개인적인 삶에서 어려운 반대 세력을 만나게 될 뿐 아니라 정부의 세력마저 그들을 대적한다는 뜻이다. 따라서 제자들이 세상에서 핍박을 받게 되고 심지어 죽음에 처하기도 한다는 뜻이다. "에이, 예수님 당시에나 그러했겠지요"라고 말하지 말라. 만일 당신이 예수 그리스도께 진실하게 선다면 이 세상은 당신에게 미소를 띠는 것이 아니라 오히려 적개심을 갖게 될 것이다. 그리고 틈만 나면 모든 트집을 잡으며 귀찮게 할 것이다.

> "세상이 너희를 미워하면 너희보다 먼저 나를 미워한 줄을 알라 너희가 세상에 속하였으면 세상이 자기의 것을 사랑할 것이나 너희는 세상에 속한 자가 아니요 도리어 내가 너희를 세상에서 택하였기 때문에 세상이 너희를 미워하느니라" 요 15:18-19.

주님께서 제자들이 져야 할 십자가를 말씀하실 때, 주님은 그들이 십자가를 지면 거룩하게 될 것이라고 말씀하지 않으셨다. 그들이 십자가를 지는 이유는 그들 자신 때문이 아니라 '예수님' 때문이라고 하셨다. 주님은 또한 선지자들이 고난을 당한 것같이 그들이 고난을 당할 것이라고 말씀하셨다. 그 이유는 그들이 전하는 메시지가 하나님으로부터 온 것이기 때문이다.

> "나를 인하여 너희를 욕하고 핍박하고 거짓으로 너희를 거스려 모

든 악한 말을 할 때에는 너희에게 복이 있나니 기뻐하고 즐거워하라 하늘에서 너희의 상이 큼이라 너희 전에 있던 선지자들을 이같이 핍박하였느니라"마 5:11-12.

오늘날 풍조는 이렇게 말한다.
"거룩한 삶을 사십시오. 그러나 거룩에 대해서는 말하지 마십시오. 거룩에 대해 증거도 하지 마십시오. 당신이 예수님과 연관되어 있다는 것을 고백하지 마십시오. 그렇게만 하면 우리는 당신을 괴롭게 하지 않을 것입니다."

반대 세력으로 인한 십자가

"이같이 너희 빛이 사람 앞에 비치게 하여 그들로 너희 착한 행실을 보고 하늘에 계신 너희 아버지께 영광을 돌리게 하라 … 누구든지 사람 앞에서 나를 시인하면 나도 하늘에 계신 내 아버지 앞에서 그를 시인할 것이요"마 5:16 ; 10:32.

"누구든지 사람 앞에서 나를 시인하면"은 "입과 삶으로 예수님을 시인하면"이라는 뜻이다. 우리는 바른 삶을 사는 것으로 인해 핍박을 받지 않는다. 우리가 핍박을 받는 이유는 예수님만 '주'로 고백하기 때문이다. 오늘날 예수님을 '주'로 고백하지 않는 많은 사회사업이 진행되고 있다. 물론 사람들은 선한 일을 장려하셨던 주님을 끝없이 칭찬한다. 그러나 만일 당신이 주님을 '주'로 고백하면 사람들은 당장 당신을 따돌리기 시작한다.

"당신의 종교를 이곳에서 선전하지 마십시오. 이곳에서 구원 또는 성화 따위의 종교적인 말을 삼가주십시오."

그럼에도 당신은 그곳에서 주님을 '주'로 시인해야 한다. 물론 그렇게 할 때 반대는 대단할 것이다. 그때 그들이 반대하는 이유는 예수님의 인류를 향한 박애주의와 친절에 관한 가르침 때문은 아닐 것이다. 그러한 가르침은 오히려 자신들에게 유익을 줄 것이기 때문이다. 하지만 성령에 따라 주님의 제자들이 예수 그리스도의 주되심을 선포할 때 그들은 자신들의 기득권이 건드려지는 것을 느끼며 분개한다. 따라서 그들은 그들의 기득권이 있는 곳에서 감히 주님의 십자가를 지려는 주의 제자들과 대항하게 되는 것이다.

지금까지 세상은 인간의 극기와 자기 희생을 가장 좋은 덕목으로 여겨왔다. 그러나 주님께서는 그러한 가식을 전혀 허용하지 않으셨다. 주님께서는 인간의 극기란 교만을 드러내기 위한 위선이라고 말씀하셨다. 물론 주님도 자기 부인과 자기 희생을 언급하셨지만 주께서 말씀하신 것은 세상이 말하는 그것과 전혀 의미가 다르다.

"또 자기 십자가를 지고 나를 좇지 않는 자도 내게 합당치 아니하니라 자기 목숨을 얻는 자는 잃을 것이요 나를 위하여 자기 목숨을 잃는 자는 얻으리라"마 10:38-39.

여기서 '자기 부인'이라는 말은 물론 뭔가를 포기하는 것이다. 그러나 예수님께서 말씀하신 자기 부인이란 자신에 대한 권리를 부인하는 것으로서 자신이 의지하던 모든 것을 예수님의 주권에 맡기는 것을 의미한다. 한편 세상이 말하는 자기 희생은 여러 정신적인 부담 가운데 마침내 자신을 희생하겠다는 각오를 말한다. 그러나 궁극적으로 이들의 각오는 자기 때문이다. 그 동기는 영웅 심리이고, 여러 계산을 한 이후의 결정이다. 그러나 예수 그리스도께서 말씀하시는 자기 희생은 그 동기가 예수님 때문이다. 따라서 예수님 때문이 아닌 자기 희생은 주님이 보실 때 아무 소용이 없는 것이다.

"내 몸을 불사르게 내어줄지라도 사랑이 없으면 내게 아무 유익이 없느니라"고전 13:3.

주님께서 말씀하신 자기 부인 및 자기 희생은 주님을 향한 사랑으로부터 흘러나온다. 우리는 더 이상 우리 자신의 것이 아니다. 우리는 예수 그리스도께 구원 받는 영혼을 얻게 하시는 것 외에는 삶의 다른 관심을 포기한 사람들이다. 우리가 희생하는 단 하나의 위대한 동기는 바로 예수님이다. 우리는 '주님만을 위하여' 희생한다.

chapter 16

왜 설교자가 되어야 하는가?

...
성경이 말하는 열정은 그리스도를 향한 열정이다.
성령께서는 사역자의 생각뿐 아니라 삶 속에서도 역사하시면서 사역자의 가슴을 그리스도를 향한 열정으로 타오르게 하신다.

사도 바울이 설교자가 된 이유는 그리스도의 십자가를 이해했기 때문이다. 즉, 바울은 십자가 구속이 주는 모든 영적 축복을 이해했다. 그러나 오늘날 많은 설교자들은 십자가로부터 오는 축복만을 이해한 상태이다. 그들은 축복과 관련한 몇 가지 교리에 집착하며 그 교리에 헌신한다. 그러나 바울은 오직 한 가지만 설교했다. 그것은 곧 십자가에 못 박히신 예수 그리스도이다.

> "예수는 하나님께로서 나와서 우리에게 지혜와 의로움과 거룩함과 구속함이 되셨으니"고전 1:30.

교리를 위한 그리스도의 십자가

> "우리는 십자가에 못 박힌 그리스도를 전하니 유대인에게는 거리끼는 것이요 이방인에게는 미련한 것이로되"고전 1:23.

그리스도의 십자가와 십자가로부터 나오는 축복을 절대로 혼동하지 말라. 바울은 모든 열정을 다해 한 가지만을 중심으로 하고 있다. 바로 그리스도의 십자가이다. 그의 가르침의 중심은 우리의 구원 및 거룩이 아니라 가장 위대한 진리인 "하나님이 세상을 이처럼 사랑하사 독생자를 주셨다"는 사실에 있었다. 따라서 바울의 진술은 억지스럽거나 희미한 적이 없었다.

바울은 보혈을 중심으로 모든 교리를 가르쳤고 그 안에 하나님의 능력이 있음을 증거했다. 또한 바울의 모든 가르침에는 놀라운 영감이 있었는데, 그 이유는 그가 그리스도의 십자가의 배후에 있는 하나님의 의도가 무엇인지 정확하게 이해했기 때문이다. 물론 그는 사람들이 거룩해지기를 원했다. 그러나 그것은 부차적인 문제였다.

하나님의 전시장에 멋지게 진열될 꿈을 꾸면서 개인의 거룩에만 신경쓰는 사역자가 있다면, 그는 하나님께서 무엇을 원하시는지

> 그리스도의 십자가와 십자가로부터 나오는 축복을 절대로 혼동하지 말라.
> 바울은 모든 열정을 다해 한 가지만을 중심으로 하고 있다.
> 바로 그리스도의 십자가이다.

전혀 감도 잡지 못한 사역자이다. 그러나 바울이 섰던 곳에 서서 하나님께서 그리스도의 십자가를 통해 무엇을 의미하시는지를 이해하게 된다면, 이 세상의 그 어떤 것도 우리를 하나님의 사랑으로부터 돌아서지 못하게 할 것이다 롬 8:35-39.

> "다른 아무 피조물이라도 우리를 우리 주 그리스도 예수 안에 있는 하나님의 사랑에서 끊을 수 없으리라" 롬 8:39.

만일 바울이 자신의 거룩만을 목표로 했다면 그는 이렇게 말할 수 없었을 것이다.

> "나의 형제 곧 골육의 친척을 위하여 내 자신이 저주를 받아 그리스도에게서 끊어질지라도 원하는 바로라" 롬 9:3.

바울은 이 땅에서 오직 단 한 가지, 그리스도의 십자가 외에는 다른 어떤 것에도 신경을 쓰지 않았다. '그리스도의 십자가'만이 바울의 설교에서 가장 위대한 열정 가운데 드러나는 것이었으며, 이를 위해 그는 어떠한 대가를 지불하든지 상관하지 않았다.

> "만일 복음을 전하지 아니하면 내게 화가 있을 것임이로라" 고전 9:16.

바울의 설교는 언제나 그리스도의 십자가를 중심으로 한 복음으로서, 그는 이 일을 부득불 할 수밖에 없었다.

방향을 위한 그리스도의 십자가

성도들 앞에 서든, 죄인들 앞에 서든 바울의 감성은 동정적이거나 종교적이지 않고 오직 십자가에 못 박히신 그리스도에 의해 뜨겁게 사로잡혀 있었다. 나의 설교는 어떤 방향으로 나아가고 있는가? 다른 사람들에게 보내는 나의 글들은 어떤 방향을 향하고 있는가? 또한 나의 인생의 꿈은 어떤 방향으로 가고 있는가? 나의 전반적인 삶의 방향은 무엇을 위한 것이며 어디로 향하고 있는가? 바울은 삶의 방향을 단 한 가지로 정했다. 곧 그리스도의 십자가를 강조하고 설명하는 것이었다.

오늘날 우리가 설교에서 놓치고 있는 부분이 있다면 바로 이 부분이다. 우리는 십자가에 대해 듣거나 그리스도를 따르려면 어떤 희생을 치러야 하는지를 듣는다. 그러나 사도 바울이 보았던 것을 어렴풋이라도 알고 있는 사람들은 거의 없다. 그는 그리스도의 십자가를 통해 하나님의 마음을 이해했으며 그것을 붙잡았다. 따라서 그는 지칠 수 없었고 다른 길로 갈 수도 없었다.

인간들의 깊은 영혼은 단순한 거룩의 개념과 종교적 감상에 의해 흔들리지 않는다. 그러나 열정은 사람의 마음을 움직인다. 어느 연로하신 작가는 십자가를 '우리 주님의 열정'이라고 말하곤 했다. 십자가는 그리스도인들의 피를 끓게 만드는 가장 위대한 원인이다. 이 피가 끓으면 사람들은 생명을 다해 주를 섬기게 된다. 당신의 설교는 주 예수 그리스도의 십자가의 흔적을 지니고 있는가?갈 6:17. 아니면 회중의 마음속에 설교자가 얼마나 따뜻하고 멋진 사람인가에 대한 인상을 남기는가? 바울의 설교를 보면 그 설교가 사람의 마음을 찌르거나 정죄하든 아니면 위로하거나 칭찬하든, 그의 설교 후에 남는 인상은 언제나 예수 그리스도와 십자가에 못 박히신 주님이었다. 나아가 부활하시고 존귀함을 얻은 예수님보다 십자가에 못 박히신 예수님을 사람들의 마음속에 남게 했다.

사역자의 설교에 능력이 나타나지 않고 청중에게 경탄할 만한 감동을 주지 못하는 이유는, 그 설교에 하나님을 향한 열정은 없고 단지 사람들을 향한 열정만 있기 때문이다. 사역자들이 해야 하는 단 한 가지는, 늘 십자가에 못 박히신 예수 그리스도를 보여주며 오직 그분만 높이는 것이다.

"내가 땅에서 들리면 모든 사람을 내게로 이끌겠노라"요 12:32.

바울은 한 가지 열정만 있었다. 그 이유는, 그는 "예수 그리스도의 얼굴에 있는 하나님의 영광을 아는 빛을" 보았기 때문이다고후 4:6. 예수 그리스도가 누구신가? 그분은 십자가에서 높임을 받으신 하나님의 아들이시다.

성향을 위한 그리스도의 십자가

"그러나 내게는 우리 주 예수 그리스도의 십자가 외에 결코 자랑할 것이 없으니 그리스도로 말미암아 세상이 나를 대하여 십자가에 못 박히고 내가 또한 세상을 대하여 그러하니라" 갈 6:14.

바울은 자신의 모든 삶과 모든 관심을 그리스도의 십자가의 빛 안에서 보았다. 위의 구절을 이해할 때 바울이 그리스도의 죽음에 일치된 면만 보아서는 안 된다. 바울은 "세상이 나를 대하여 십자가에 못 박히고 내가 또한 세상을 대하여 그러하니라"고 말하지만, 그 이유는 예수 그리스도께서 세상을 향해 못 박히셨기 때문이라고 말한다. 만일 우리가 나와 예수님의 일치된 면만 다룬다면 우리는 십자가의 객관적인 부분들을 놓치게 된다. 즉, 이 구절에서 나와 관련한 주관적인 체험의 가장 오묘한 진리를 깨달았다고 할지라도 이 구절이 담고 있는 객관적인 계시를 놓친다면 그의 깨달음은 아주 얕은 것이다.

오늘날 대부분의 설교자들이 강조하는 것은 주님의 죽음이 우리에게 무엇을 의미하는가 하는 것이다. 그러나 그보다 더 중요한 것은 십자가를 통해 하나님께서 의미하시는 것이 무엇인지 이해하는 것이다. 바울은 하나님의 생명을 얻기 위해 십자가를 이해하지 않았다. 그러나 하나님의 십자가를 이해함으로써 그는 영생을 얻었다. 곧 객관적이며 역사적인 십자가 사건을 통해 하나님의 마음을 이해할 때, 주관적인 구원의 체험은 자연스럽게 따라오는 것이다.

십자가를 연구하되 다른 목적이 아닌 오직 하나님의 입장에서 해 보라. 그러면 당신은 자신도 모르는 사이에 거룩하게 될 것이다. 우리는 언제나 자신이 얼마나 거룩한가를 보려고 한다. 이때 위험에 빠진다. 그러나 "내가 땅에서 들리면 모든 사람을 내게로 이끌겠노라"고 말씀하신 주님을 바라볼 때 우리는 안전하다요 12:32. 혹시 우리는 주님의 십자가 대신에 주께서 하실 수 있는 일들을 높이고 있는 것은 아닌가? 바울의 열정의 뿌리가 무엇인지 제대로 깨달을 때까지 우리에게는 언제나 곁길로 빠질 수 있는 함정이 있다.

설교자로 부름을 받게 된 것은 내가 특별한 은사가 있거나 하나님께서 나를 거룩하게 하셨기 때문이 아니다. 내가 십자가에 담긴 하나님의 의미를 희미하게나마 알게 되었기 때문이요, 이후로 삶이 완전히 달라졌기 때문이다. 바울의 설교의 열정은 그리스도의 십자가에서 드러나는 전능하신 하나님의 고통이다. 하나님을 위해 일하는 사역자들마다 '갈보리'_{십자가} 신학교에서 배워야 한다. 바울은 말한다.

"내가 너희 중에서 예수 그리스도와 그의 십자가에 못 박히신 것 외에는 아무것도 알지 아니하기로 작정하였음이라"고전 2:2.

심지어 바울의 설교의 내용은 그리스도와 함께 못 박힌 자기 자신도 아니었다. 설교에서 나의 구원은 구원 받은 여러 사람들 중 하나일 뿐이다. 오직 설교 후에는 단 한 분만 남아야 한다. 주님의 십자가와 함께 주 예수 그리스도만 남아야 한다.

그리스도의 십자가와 훈련

"내가 그리스도와 함께 십자가에 못 박혔나니 그런즉 이제는 내가 사는 것이 아니요 오직 내 안에 그리스도께서 사시는 것이라 이제 내가 육체 가운데 사는 것은 나를 사랑하사 나를 위하여 자기 자신을 버리신 하나님의 아들을 믿는 믿음 안에서 사는 것이라"갈 2:20.

이 구절은 신학적인 언급이 아니라 성령의 역사를 체험한 그리스도인의 고백이다. 성령께서는 우리를 예수 그리스도께 속한 가족으로 다시 태어나게 하신다. 이때 우리는 십자가의 영원한 효력에 의해 신의 성품에 참여하는 자가 된다.

그리스도의 죽음과 일치되는 바울의 인격적인 체험은 그리스도와 함께 죽을 때 사람들의 삶에 어떠한 역사가 나타나는지를 단순하게 보여준다. 그러나 그리스도의 십자가는 하나님의 자아 계시이며 신성의 가장 근본적인 속성을 드러내신 것이다.

오늘날 가장 큰 열정은 영혼을 향한 열정이다. 그러나 이러한 열정은 사실 성경에서 발견되지 않는다. 성경이 말하는 열정은 그리스도를 향한 열정이다. 사람을 구원하는 것은 사람을 향한 열정이 아니다. 사람을 향한 열정은 결국 자기의 가슴만 찢는 실망을 초래한다. 그러나 성령에 의해 만들어지는 그리스도를 향한 열정은 이 세상과 육체와 마귀가 만들어낼 수 있는 그 어떠한 고통보다 더 깊은 곳까지 내려간다. 그 열정은 우리 주님께서 내려가셨던 그 자리까지 간다. 성령께서는 사역자의 생각뿐 아니라 삶 속에서도 역사하시면서 사역자의 가슴을 그리스도를 향한 열정으로 타오르게 하신다. 그러나 영혼을 향하는 열정은 있지만 그리스도를 향한 열정이 사라질 때, 사탄은 광명의 천사로 가장하여 사역자를 찾아와 미혹한다.

chapter 17
하나님의 깊으심을 확신하라!

...
구원은 측량할 수 없이 깊다. 구원은 체험이 아니다. 성령은 우리의 온전한 연약함을 통해서만 주님의 능력을 드러내신다. 사역자는 그리스도의 십자가의 빛으로 볼 때 정죄받을 만한 것이 절대로 없어야 한다.

구원은 사람의 생각이 아니라 하나님의 생각이다. 그러므로 구원은 측량할 수 없이 깊다. 구원은 체험이 아니다. 체험은 단지 구원이 우리에게 의식되는 매우 작은 부분일 뿐이다. 우리는 체험의 배후에 있는 하나님의 위대한 생각을 설교해야 한다.

무한한 사랑에 내린 심판

"하나님의 집에서 심판을 시작할 때가 되었나니 만일 우리에게 먼저 하면 하나님의 복음을 순종하지 아니하는 자들의 그 마지막은 어떠하며"벧전 4:17.

하나님께 나아가기를 어려워하는 자들 편에 서서 그들을 이해하려고 하지 말라. 하나님은 비난 받으실 것이 없다. 그러나 우리가 그들에게 진리를 제시하면 성령이 그들에게 무엇이 잘못되었는지를 보여주실 것이다. 심판은 하나님의 사랑의 표시임을 기억하라. 따라서 우리는 심판에 대해 반드시 언급해야 한다. 설교에서 가장 혹독한 시험은 모든 사람들을 심판으로 이끄는 것이다. 그렇게 할 때 성령께서 각 사람을 책망하신다.

"나는 그것만은 할 수 없습니다"라고 말하지 말라. 이는 무의식적인 신성 모독이다. 만일 자신의 무능 때문에 복음이 막힌다면 이는 하나님을 고려하지 않는 것과 마찬가지이다. 하나님의 능력으로 자신을 의지하려는 모든 불신앙적 요소들을 철저하게 제거하라.

"나는 하나님이 시키시는 대로 할 수 없습니다"라고 말하는 사람은 아직 자신에게 의지할 것이 남아 있다는 뜻이다. 진정한 성도는 "나는 할 수 없습니다"라고 말하지 않는다. 그가 할 수 없다면 주께서는 그러한 요청을 절대로 하지 않았을 것이기 때문이다. 성령은 우리의 온전한 연약함을 통해서만 주님의 능력을 드러내신다. 사역자는 그리스도의 십자가의 빛으로 볼 때 정죄 받을 만한 것이 절대로 없어야 한다.

십자가의 깊이에 선 양심

"이는 우리가 다 반드시 그리스도의 심판대 앞에 나타나게 되어 각각 선악간에 그 몸으로 행한 것을 따라 받으려 함이라 우리는 주의 두려우심을 알므로 사람들을 권면하거니와 우리가 하나님 앞에 알리어졌으니 또 너희의 양심에도 알리어지기를 바라노라 우리가 다시 너희에게 자천하는 것이 아니요 오직 우리로 말미암아 자랑할 기회를 너희에게 주어 마음으로 하지 않고 외모로 자랑하는 자들에게 대답하게 하려 하는 것이라"고후 5:10-12.

모든 사람에게 가장 공통적인 것은 양심이다. 십자가는 최고의 열정으로 타오르는 하나님의 양심이다.

양심은 십자가 앞에서 교육되어야 한다. 사역자로서 우리는 사람들의 양심이 그리스도의 십자가를 대면하도록 해야 한다. 나의 삶은 과연 예수님께서 십자가 상에서 흘리신 보혈의 가치를 드러내고 있는가? 십자가를 통해 전능하신 하나님의 능력이 나의 삶과 재능 가운데 나타나는가? 그렇지 않다면 나는 뭔가 잘못된 것이다. 그리스도의 십자가란 성령께서 나를 주의 전능하신 능력으로 강하게 하시는 것을 의미한다.

> 내가 모든 덕을 다 소유할 때까지, 모든 승리를 얻을 때까지, 모든 생각이 거룩해질 때까지, 내 안에 주님만 남을 때까지 십자가만 붙들리라.

우리는 스스로의 힘으로 양심을 바르게 세워야 한다고 생각하지

> 오직 예수 그리스도께 사로잡힌 바 되어 그리스도의 빛 가운데서 걸을 때에만 모든 상황 속에서 하나님을 영화롭게 할 수 있는 거룩함이 우리 안에 나타나게 된다.

만 실상 그렇게 할 수 없다. 우리가 할 수 있는 것은 계속 십자가의 빛 가운데 머무는 것이며 성령을 의지하는 것이다. 그러면 우리는 주께서 원하시는 삶을 살 수 있게 된다. 그리스도와 십자가로부터 눈을 떼고 자신의 체험 위에 신앙을 세우려고 하면, 이는 우리를 구원한 그 능력에 대항하여 반역하는 것이다. 그러므로 "이제 하나님께서 나를 깨끗하게 하셨으니 나는 내 힘으로 할 수 있을 것이다"라는 생각을 버리라.

오직 예수 그리스도께 사로잡힌 바 되어 그리스도의 빛 가운데서 걸을 때에만 모든 상황 속에서 하나님을 영화롭게 할 수 있는 거룩함이 우리 안에 나타나게 된다. "적절한 생각을 먼저 하자"라고 하며 지적인 생각을 앞세우지 말라. 먼저 적절한 삶을 살라! 그러면 당신은 적절한 생각을 하게 될 것이다.

그리스도의 십자가는 하나님의 자아 계시이다. 곧 십자가는 하나님께서 자기 자신을 주시는 방법이었다. 오늘날 설교를 들어보고 신앙관련 책들을 읽어보면 영특한 사람의 지혜는 보이지만 얄팍한 내용들로 가득 차 있다. 그 이유는 그 내용들이 십자가의 놀라운 사건과 연결되어 있지 않기 때문이다. 하나님께서 사람들을 하나님 자신과 일치시키기 위해, 또한 그들을 높이시기 위해 자신마저 다 주신 그 놀라운 십자가의 사건! 사람들은 그 사건에 더 이상 관심을 두지 않는다.

속죄의 깊이에 선 도덕성

"그러므로 우리가 그리스도를 대신하여 사신이 되어 하나님이 우리를 통해 너희를 권면하시는 것같이 그리스도를 대신하여 간청하노니 너희는 하나님과 화목하라 하나님이 죄를 알지도 못하신 이를 우리를 대신하여 죄로 삼으신 것은 우리로 하여금 그 안에서 하나님의 의가 되게 하려 하심이라" 고후 5:20-21.

우리 삶의 모든 부분, 곧 신체적, 도덕적, 영적 부분은 속죄의 거룩의 기준에 의해 평가되어야 하기 때문에 사역자는 언제나 속죄에 대해 깊이 묵상하고 있어야 한다. 하나님께서 의미하지 않는 거룩을 절대로 말하지 말라. 하나님의 거룩은 삶의 모든 영역이 하나님의 주권 하에 있다는 사실을 의미하며 동시에 모든 영역에서 하나님의 은혜가 충분하다는 것을 아는 것이다.

언제나 유혹은 타협을 통해 찾아온다. 타협의 음성은 "너무 까다롭게 거룩을 세우려고 하지 말라. 너무 강력하게 순결을 부르짖지 말라. 너무 올바른 절제를 주장하지 말라"고 속삭인다. 그러나 거룩하신 하나님과의 동행을 가로막는 것이 무엇이든, 그것이 당신 안에 있든, 다른 사람에게 있든 조금도 타협할 마음을 갖지 말라.

복음의 깊이에 선 자유함

"그리스도께서 우리를 자유롭게 하려고 자유를 주셨으니 그러므로 굳건하게 서서 다시는 종의 멍에를 메지 말라" 갈 5:1.

우리는 그리스도의 자유함을 제시할 수 있어야 한다. 그러나 우리가 먼저 주 안에서 자유함을 누리지 못한다면, 그 자유를 제시할 수 없을 것이다. 사실 이 우주에는 단 하나의 자유함만 있다. 바로 우리의 양심 안에서 역사하는 예수 그리스도의 자유함이다. 이 자유는 우리에게 옳은 것을 할 수 있도록 한다. 만일 우리가 그리스도께서 '우리를 자유케 하시는 자유'를 소유한다면, 천천히 그러나 분명히 우리가 영향을 미치는 자들도 우리가 누리는 똑같은 자유함을 누리기 시작할 것이다. 언제나 당신의 삶을, 예수 그리스도를 기준으로 평가하라.

오직 예수 그리스도께서 메어주시는 멍에만 메고 그 외의 다른 멍에는 아무것도 메지 말라. 또한 예수 그리스도께서 메지 않은 멍에를 다른 사람에게 지우지 않도록 주의하라. 우리가 행하는 것처럼 행하지 않는 사람들을 틀렸다고 생각하는 데에서 벗어나기는 쉽지 않다. 이러한 관점은 예수 그리스도의 관점이 아니다. 우리가 온전히 온화하신 주님과 한마음이 될 때 그분을 분명히 증거할 기회를 갖게 된다. 사역자의 삶은 주님의 손에 사로잡혀 희생됨으로써 다른 사람들의 자유함을 위한 자양분이 되어야 한다.

chapter 18

예수 그리스도를
따른다는 것은 무엇인가?

...
오늘날 우리가 제자로 부름을 받을 때 반드시 버려야 하는
것은 죄와 세속이다.
성령의 음성과 상충되는 생각이나 말을 결코 믿지 말라. 성
령께서 당신 안에서 뭐든 감지하여 가책을 주시는 것이 있
다면 그것을 당장 쫓아내라.

여전히 작은 음성

"말씀하시되 나를 따라오라 내가 너희를 사람을 낚는 어부가 되게 하리라 하시니"마 4:19.

예수님께서는 우리와 똑같은 육신을 입고 이 땅에 계셨다. 그때 주님의 "나를 따르라"는 초청은 확고한 것이었다. 베드로는 그 부름에 분명하게 응답했다.

"보소서 우리가 모든 것을 버리고 주를 따랐나이다"막 10:28.

지금은 예수 그리스도를 따르기 위해 베드로처럼 모든 소유와 모든 가족을 실제로 버리지는 않는다. 그러나 오늘날 우리가 제자로 부름을 받을 때 반드시 버려야 하는 것은 죄와 세속이다. 이러한 것들을 버려야 하는 줄을 몰랐다고 말하지 말라. 하나님 앞에 정직하게 조아리고 묻기 바란다.

"주님, 왜 저는 지금 주님을 따를 수 없는 것이지요? 왜 허락해주지 않으십니까?"

주께서는 당신이 지금 왜 주님을 따를 수 없는지 당장 보여주실 것이다. 그러면 당신은 변명하며 이렇게 말할 것이다.

"그러나 주님! 그것만은 안 됩니다. 그것은 사실 별것 아닌데 왜 그러십니까?"

그러나 바로 별것 아닌 그것 때문에 당신은 주를 따를 수 없는 것이다. 성령의 음성과 상충되는 생각이나 말을 결코 믿지 말라. 성령께서 당신 안에서 뭐든 감지하여 가책을 주시는 것이 있다면 그것을 당장 쫓아내라. 그 이유는 성령께서 감지해주신 것은 당신의 깊은 죄성과 뿌리 깊게 연결되어 있기 때문이다. 즉, 당신이 내려놓지 못하는 그 작은 부분은 사실 당신의 전반적인 죄성에 뿌리를 두고 있는 것이다. 전반적인 죄성은 자신에 대한 권리이다. 그래서 당신은 "그것만은 안 됩니다"라고 말하는 것이다.

조용하지만 분명한 비전

"비유가 아니면 말씀하지 아니하시고 다만 혼자 계실 때에 그 제자들에게 모든 것을 해석하시더라"막 4:34.

예수님과 단둘이 함께한 적이 있는가? 제자들은 주님의 입술로부터 친히 진리를 듣는 엄청난 특권을 누렸다. 뿐만 아니라 주께서 말씀하신 것에 대해 개인적으로 질문할 수 있는 특권도 있었다. 제자로 부름을 받은 우리는 예수님께 직접 배우며 질문할 수 있다. 그럼에도 대부분의 사역자들이 예수님께 직접 설명을 들으려 하기보다 유명한 주석들을 찾아다닌다.

그렇다면 어떻게 해야 주님께 나아가 직접 들을 수 있을까? 성령은 예수 그리스도의 말씀을 바르게 설명하는 유일한 분이시다. 성령은 사람들의 주석이 하나님께 속한 것인지 아닌지를 분별해주신다. 성령만이 예수 그리스도의 가르침의 참된 의미를 식별하신다.

"진리의 성령이 오시면 그가 너희를 모든 진리 가운데로 인도하시리니" 요 16:13.

성령의 해석은 결코 복잡하거나 머리 좋은 사람만 이해할 수 있는 것이 아니다. 성령의 해석은 언제나 심오하지만 놀라울 정도로 단순하다. 당신은 성령의 해석을 깨달으면서 "그것은 분명히 하나님의 진리이다"라고 확신하게 된다. 만일 어떤 해석이 당신에게 이러한 확신을 주지 않는다면 주석 읽기를 당장 멈추라. 그 해석이 주님의 것인지 아닌지 분명해질 때까지 기다리라. 머리로 따지려 하지 말고 주님과 동행하며 그분께 물으라. 만일 주님께서 당신을 아직 기다리게 하시면 그럴 만한 이유가 있는 것이다. 하나님의 진리에 관한 분별과 영적인 성품은 언제나 비례한다는 사실을 기억하라.

산상수훈에서 주님은 제자에 대한 한 가지 원칙으로 끊임없이 주의 말씀을 듣는 것을 말씀하신다.마 7:24. 불규칙적으로 주의 말씀을 듣는 자는 한쪽으로 치우친 비정상적인 성도가 되기 쉽다. 오늘날 많은 사람들이 예수 그리스도의 말씀을 듣지 않는다. 그들은 구원 및 죄사함, 그리고 여러 치유 사역의 반짝이는 체험들을 가지고 있다. 그들은 사람들에게 말한다.

"내가 옳으니 나를 좇으라."

그러나 예수님은 "나를 높이라"고 하신다. 모든 것을 주님의 발 앞에 내려놓고 배우라. 주의 말씀을 통해 계속적으로 교훈을 받으라. 예수님께서 말씀하시는 것을 친히 들으라. 성령께서 당신을 가르치시도록 하라. 꾸준히 행하라. 듣기만 하는 자가 되지 말고 순종함으로 제자가 되라. 절대로 당신의 체험이 당신의 삶을 인도하지 못하도록 하라. 체험이란 단지 그 체험을 주신 주님을 더 알게 하기 위한 도구일 뿐이다.

> 절대로 당신의 체험이 당신의 삶을 인도하지 못하도록 하라.
> 체험이란 단지 그 체험을 주신 주님을 더 알게 하기 위한
> 도구일 뿐이다.

하나님을 알기에 힘쓰며 끊임없이 배우는 자가 되라. 그러면 진리가 항상 당신 앞에서 열릴 것이다. 당신은 예수 그리스도께서 해결하지 못하시는 인간의 문제란 없다는 것을 발견하게 될 것이다.

계속적으로 조심스럽게 걸음

"이와 같이 너희 중의 누구든지 자기의 모든 소유를 버리지 아니하면 능히 내 제자가 되지 못하리라" 눅 14:33.

현대 문명의 이상을 추구하는 이 세상의 관점에서 볼 때, 오늘날 예수 그리스도를 따르는 것은 정신병자를 따르는 것처럼 보인다. 우리는 문명을 하나님께서 정하신 것으로 생각하지만, 사실 문명은 인간들에 의해 세워진 것이다. 인간들은 자신들의 수천 수만 가지의 필요를 채우기 위해 문명을 세워간다. 그러나 인간의 문명시스템은 언젠가 고철이 되어버릴 것이다. 그때 인간들은 주님을 따르지 않은 것에 대해 후회할 것이다.

"하나님께서 왜 저의 모든 것을 희생하면서 주를 따라야 한다고 심각하게 말씀하셨는지 그때는 전혀 몰랐습니다."

주님은 둘 중 하나를 포기하라고 엄격하게 말씀하신다. 오늘도 주의 부르심과 문명의 혜택의 소리는 서로 큰소리를 내며 맞부딪친다.

산상수훈을 읽어보라.

"오직 너희는 그의 나라를 구하라"눅 12:31.

이 말씀을 지금 당신의 삶에 적용해보라. 이 말씀은 정신병자의 말이든지 아니면 성육신하신 하나님의 말씀이 될 것이다.

토마스 아 켐피스의 「그리스도를 본받아」라는 책은 너무나 아름다운 책이다. 그러나 그 내용은 근본적인 진리에서 왜곡되어 있다. 그 책의 내용에는 주님께서 친히 이루신 중생에 관한 메시지가 무시되기 때문이다.

많은 사람들이 그리스도를 닮아보려고 시도하지만 결국 절망 가운데 마치게 된다. 사람의 자연적인 속성으로 그리스도를 닮으려고 노력할 때는 반드시 실패한다. 그 일은 불가능하기 때문이다. 주님의 말씀대로 살 수 있는 생명이 없으면서 그렇게 살아보려고 노력하는 것은 기만이다. 오직 그러한 삶을 살았던 주님의 생명을 소유해야만 그러한 삶이 정상적이고 자연스러울 수 있다벧전 2:21-23. 예수 그리스도의 가르침은 주께서 우리 안에 넣으신 생명에게만 해당한다. 구속의 놀라움은 주께서 순종하려는 자들에게 주님 자신의 성향을 넣어 주실 수 있다는 점이다.

chapter 19
하나님의 것

...
사역자 각자에게 절대로 지워지지 않게 쓰여진 한 단어가 있다. 그것은 '하나님의 것'이라는 단어이다. '하나님의 것' 으로 여겨진 인생들마다 하나님이 책임지신다.

훈련된 삶

"너는 그리스도 예수의 좋은 병사로 나와 함께 고난을 받으라" 딤후 2:3.

사역자에게 주어지는 첫 번째 요구사항은 자발적으로 훈련에 임하는 자세이다. 열정적인 사람이 되는 것과 영적인 영향력에 감동을 받는 것은 쉽다. 그러나 예수님의 발자취를 따라가려면 예수님과 진정한 사랑에 빠져야 한다. 그리고 예수님과 함께 '예루살렘을 향하여' 꾸준하게 걸어갈 수 있도록 우리의 삶을 잡아매어야 한다.

오늘날 훈련이란 그리스도인들에게 생소한 것 중 하나가 되어 버렸다. 현대인들은 훈련을 견뎌내지 못한다. 하나님께서는 우리에게 주의 생명과 은혜의 체험을 허락하셨다. 그러므로 사역자는 자신을 훈련해야 한다. 사역자의 훈련은 자신을 개발하기 위한 목적으로 하는 것이 아니라 대장 되시는 예수님의 목적을 이루기 위한 것이다.

그렇게 많은 훈련들이 실패하는 이유는 우리가 이곳에 단 한 가지 목적, 곧 예수 그리스도께 충성하기 위해 있다는 사실을 잊기 때문이다. 하나님 앞에서 맺은 언약을 항상 기억하라. 만일 군인이 죽을 준비가 되어 있지 않다면, 그는 군인이 될 자격이 없을 것이다. 주님의 제자로서 당신의 모든 것을 주께 드려라. 하나님께 충성할 수 있는 유일한 방법은 예수 그리스도께 끊임없이 관심을 갖는 것이다. 우리의 관심이 예수님 대신에 소위 '사역'이라는 일에 빼앗기지 않도록 주의하라.

훈련된 삶이란 세 가지를 의미한다. 즉, 주께서 생명을 주신 최상의 목표를 나의 목표로 삼는 것, 대장 되시는 예수 그리스도께서 내리신 삶의 규칙을 지키는 것, 마음과 뜻을 다해 하나님과 주의 말씀에 완벽하게 충성하는 것이다. 이 세 가지에 대해 반항하는 일이 없어야 하고 모든 충동과 감정은 철저하게 다스려져야 한다. 우리의 모든 생각과 깨달음이 하나님과 주의 말씀에 어울리는가를 철저하게 점검하고 그렇지 않으면 그것들을 당장 버려야 한다.

주님의 삶은 훈련의 본이 되신다. 주님은 자신을 하나님 아버지께 희생으로 드림으로 거룩한 삶을 사셨다. 그분의 말과 생각은 아버지의 말씀에 철저히 순복하신 결과였다. 주님께서는 자신의 뜻을 하나님 아버지의 뜻에 끊임없이 순복함으로 하나님의 일을 하실 수 있었다. 주님의 제자로서 우리도 선생님이신 예수님처럼 해야 한다.

얽매이지 않은 삶

"이스라엘 자손에게 전하여 그들에게 이르라 남자나 여자가 특별한 서원 곧 나실인의 서원을 하고 자기 몸을 구별하여 여호와께 드리려고 하면 포도주와 독주를 멀리하며 포도주로 된 초나 독주로 된 초를 마시지 말며 포도즙도 마시지 말며 생포도나 건포도도 먹지 말지니"민 6:2-3.

"병사로 복무하는 자는 자기 생활에 얽매이는 자가 하나도 없나니 이는 병사로 모집한 자를 기쁘게 하려 함이라"딤후 2:4.

예수님의 제자는 자신이 무엇에 얽매여서는 안 되는지 잘 알아야 한다. 제자는 하나님 앞에서의 언약 외에 자신을 주장할 수 있는 모든 것들로부터 자유할 수 있어야 한다. 우리는 자신을 위해 얽매이지 않는 것과 하나님 때문에 얽매이지 않아야 하는 것 사이의 분명한 차이를 알아야 한다. 우리는 유혹에 얽매이지 않는 것만 생각하려는 경향이 있는데, 보통 이러한 경우 주님을 위하기보다 자신의 유익을 위해 이것저것을 내려놓을 수 있다.

그러나 사역자는 부수적으로 자신에게 유익이 되고 자신을 발전시킬 수 있는 것이라 할지라도 주님의 손 안에서 '찢겨진 빵이 되고 부어진 포도주'가 되는 것과 거리가 먼 것이라면 그러한 것들에 얽매여서는 안 된다. 그 이유는, 우리는 우리의 영성 개발을 위해 이곳에 있는 것이 아니라 예수 그리스도를 위해 부서지기 위해서 있기 때문이다. 현재 우리에게 유익을 주고 우리를 개발시킬 수 있는 너무나 많은 프로그램들이 있다. 그러나 우리는 오직 하나님 앞에서의 언약을 마음에 두고 아무리 좋아 보이는 것이라도 그것이 주를 향한 우리의 충성을 방해할 경우 멀리해야 한다. 바울은 이렇게 논한다.

"내 안에 있는 무엇이든, 옳은 것이든 그른 것이든 만일 그것이 하나님의 사역을 방해하거나 다른 사람들을 넘어지게 하는 걸림돌이 된다면 나는 포기하겠다. 그것이 심지어 이 땅에서 가장 합법적인 것이라 할지라도 나는 포기할 것이다"고전 8:13.

사람들은 말한다.

"왜 내가 이것을 할 수 없다는 것입니까?"

불쌍한 사람들이여, 하라! 그것은 옳은 것도 아니고 그른 것도 아

> 예수 그리스도를 향한 당신의 사랑이 당신에게 유익을 주는
> 수천 수만 가지로부터 당신을 자유롭게 할 만큼 크지 못하다면,
> 당신은 주님의 종이 될 자격이 전혀 없음을 기억하라.

니기에 당신이 그 일을 하지 말아야 한다는 법은 없다. 그러나 예수 그리스도를 향한 당신의 사랑이 당신에게 유익을 주는 수천 수만 가지로부터 당신을 자유롭게 할 만큼 크지 못하다면, 당신은 주님의 종이 될 자격이 전혀 없음을 기억하라.

오늘날 기독교 사역을 원하는 자들을 보면, 사역이 자신의 재능에 잘 맞기 때문에 하고 싶다고 말한다. 그러면서 사역에 맞게 자신을 맞추려고 한다. 그러나 그렇게 해서는 안 된다. 우리는 하나님께서 원하시는 대로 우리를 사용하실 수 있도록 주님의 손에 맡겨져야 한다. 이는 주님의 목적을 방해하는 모든 것으로부터 얽매이지 말고 자유해야 한다는 뜻이다. 만일 당신이 잘 익은 포도알의 상태로만 남기를 원한다면 주님께서 당신을 짓이기시기 전에 당장 주의 손으로부터 도망치라. 그러면 당신을 통해 그 어떠한 포도즙도 만들어지지 않을 것이다.

기독교 사역의 가장 큰 문제는 자신의 영광을 구하는 가운데 하나님의 박물관에 보전되기를 원하는 것이다. 그러나 하나님께서 원하시는 것은 하나님께서 원하시는 곳으로 성도들이 흩어지는 것이다. 성도들은 언제나 남의 눈에 띄지 않는 평범한 사람들 사이에 있어야 한다. 그곳에서 자신의 영광을 구하지 말고 예수 그리스도의 향기만 흘러나오도록 해야 한다.

분리된 삶

"그 성소에서 나오지 말며 그의 하나님의 성소를 속되게 하지 말라 이는 하나님께서 성별하신 관유가 그 위에 있음이니라 나는 여호와이니라"레 21:12.

"병사로 복무하는 자는 자기 생활에 얽매이는 자가 하나도 없나니 이는 병사로 모집한 자를 기쁘게 하려 함이라"딤후 2:4.

사역자는 하나님을 향해 분리된 삶을 살아야 한다. 분리된 삶의 예로, 언제나 중보기도를 드렸던 선지자의 삶을 들 수 있다. 너무나 소수의 사람들만이 중보기도를 드리고 있다. 그 이유는 중보기도가 대리적인 사역인 것을 이해하지 못했기 때문이다. 중보 사역은 자신을 발전시키기 위한 사역이 아니라 처음부터 끝까지 다른 사람을 위한 것이다.

마음이 좁기 때문에 분리된 삶을 사는 것은 옳은 것이 아니다. 그러나 집중적으로 영적인 순결을 추구하기 위해서는 분리된 삶을 살아야 한다. 예수 그리스도의 생각은 아버지 하나님의 생각만큼 깊고 넓었다. 따라서 주님은 어디에나 가실 수 있었다. 결혼식장에도 가셨고 당시의 모든 사회 생활에 참여하실 수 있었다. 그렇게 하실 수 있었던 이유는 예수님의 도덕성이 완벽하게 순결했기 때문이다. 완벽한 순결! 이것이 바로 하나님께서 우리에게 원하시는 것이다.

처음에는 열성 때문에 모든 외적인 것으로부터 자신을 차단하게 된다. 그러나 사역자는, 곧 진정한 분리라는 것은 외적인 것으로부터의 분리뿐 아니라 성령에 의한 영적 순결임을 깨닫게 된다. 이러한 내적 순결은 오직 빛 가운데 행함으로 유지될 수 있다. 하나님께서는 사역자를 주님이 원하시는 곳에 두신다. 우리는 장소에 연연해하지 않으며 어디든지 간다. 그러나 내면은 언제 어디서나 세상으로부터 순결하게 분리되어 있어야 한다.

자신의 확신을 사회나 일반 사람들의 기준에 맞출 때 그리스도로부터 한걸음씩 멀어진다. 빛 가운데 행하지 않을 때마다 점점 그리스도로부터 멀어진다. 왕 같은 제사장들이 그 내면의 세계에서 완벽한 분리 가운데 서 있지 못하고 오히려 주님을 섬기려는 그 열심 때문에 하나님으로부터 돌아서는 것을 볼 때, 그리고 마침내 세속에 물드는 것을 볼 때, 나의 가슴에서는 피눈물이 난다.

분별하는 삶

"너희는 귀를 기울여 내 목소리를 들으라 자세히 내 말을 들으라 파종하려고 가는 자가 어찌 쉬지 않고 갈기만 하겠느냐 자기 땅을 개간하며 고르게만 하겠느냐 지면을 이미 평평히 하였으면 소회향을 뿌리며 대회향을 뿌리며 소맥을 줄줄이 심으며 대맥을 정한 곳에 심으며 귀리를 그 가에 심지 아니하겠느냐 이는 그의 하나님이 그에게 적당한 방법을 보이사 가르치셨음이며 소회향은 도리깨로 떨지 아니하며 대회향에는 수레바퀴를 굴리지 아니하고 소회향은 작대기로 떨고 대회향은 막대기로 떨며 곡식은 부수는가, 아니라 늘 떨기만 하지 아니하고 그것에 수레바퀴를 굴리고 그것을 말굽으로 밟게 할지라도 부수지는 아니하나니"사 28:23-28.

"수고하는 농부가 곡식을 먼저 받는 것이 마땅하니라"딤후 2:6.

사역자는 농부와 같은 분별력이 있어야 한다. 곧 지켜보는 방법, 기다리는 방법, 풍성한 열매를 맺는 방법 등을 알아야 한다. 농부는 팔짱을 끼고 가만히 기다리는 것이 아니라 집중적으로 활동을 하며 기다린다. 추수 때까지 부지런히 일한다.

만일 어떤 사람이 당황스러운 문제를 가지고 당신을 찾아오면, "나도 어떻게 해야 할지 모르겠다"고 답변하지 말라. 대신 그 문제를 주님께 가져가라. 그러면 주님께서 당신에게 어떤 말을 해야 할지 알려주실 것이다. 당신이 하나님께로부터 분별하는 것을 배우면 당신은 사람들이 가져오는 문제를 하나님께서 시키시는 대로 다룰 수 있게 되고 분별력 있게 말하게 될 것이다. 하나님께서 당신을 사용하시는 이유는 당신이 틀린 것을 분별할 줄 알아서가 아니라 성령께서 당신에게 분별력을 주시기 때문이다. 따라서 당신은 말을 하면서 성령께서 당신을 통해 사람들이 가져온 문제에 대해 얼마나 합당한 말을 알려주시는지를 경험하며 깜짝 놀라게 될 것이다. 그래서 당신은 "내가 왜 그때 그렇게 말했는지 나도 놀랍다"라고 말하게 된다. 그러나 더 이상 놀랄 필요가 없다. 바로 그것이 성령께서 당신을 감화하시는 방법이다.

사역자가 성령께 쓰임받을 때 사역자는 쓰임받고 있다는 사실을 의식하지 못할 때가 많다. 한편 쓰임받기를 기대하며 스스로 나설 때는 오히려 쓰임받지 못할 때가 많다. 그러므로 성령께서 우리를 통해 분별하실 수 있도록 모든 일들 속에서 더욱 주님을 의지해야 한다.

사역자는 '나는 하나님의 것'이라는 생각을 항상 하고 있어야 한다. 사역자는 다른 사람에게 또는 이 세상의 다른 부름에 유용하지 못하다.

"예수께서 이르시되 손에 쟁기를 잡고 뒤를 돌아보는 자는 하나님의 나라에 합당치 아니하니라" 눅 9:62.

만일 당신이 하나님의 약속을 당신의 것으로 삼았다면 당신이 주님으로부터 멀어질 때마다 비참과 요란함이 당신의 삶에 임하게 될 것이다. 다른 사람들은 이것저것 하면서 형통할지 몰라도 당신은 그럴 수 없다. 하나님께서 당신이 다른 일을 할 때 형통하지 못하도록 하시기 때문이다. 이와 같이 사역자들에게 발생하는 일들에는 하나님만 아시는 여러 이유들이 있다.

사역자 각자에게 절대로 지워지지 않게 쓰여진 한 단어가 있다. 그것은 '하나님의 것'이라는 단어이다. '하나님의 것'으로 여겨진 인생들마다 하나님이 책임지신다. 따라서 그들은 오직 하나님 안에서만 말로 다 표현할 수 없는 어린아이와 같은 기쁨을 누릴 수 있다.

사역자가 무너지는 때는, 그가 짊어지지 말아야 할 책임을 지게 되었을 때이다. 하나님께서는 그가 다른 책임을 지는 것을 원하지 않으신다. 당신이 져야 할 책임만 생각하라. 사역자는 주께 책임을 넘기는 것 외에는 다른 책임을 질 필요가 없다. 당신이 짊어진 책임이 당신을 먼지처럼 짓누른다고 해도 만일 하나님께서 당신에게 아무런 책임을 지우지 않으셨다는 것을 알 때 당신은 어린아이처럼 자유하게 될 것이다. 자녀의 삶은 오직 하나님께 맡기고 하나님께 집중하는 것이다.

"네 짐을 여호와께 맡겨버리라"시 55:22.

하나님과 함께하는 삶을 방해하는 것들은 언제나 우리를 무겁게 한다. 그리고 마침내 하나님의 자녀들이 마땅히 누려야 하는 자유함과 단순함을 앗아간다. 자유함과 단순함은 언제나 한 곳으로부터 흘러넘치는데, 그곳은 바로 우리의 마음이 하나님과 평안을 누리며 안식하는 곳이다.

위의 내용들은 체험이 아니라 삶이다. 체험은 삶으로 이어지는 입구이다. 체험에 있어서 주의해야 하는 것은 자꾸 그 체험으로 돌아가기를 원한다는 것이다. 체험은 체험대로 두라. 체험은 있을 때도 있고 없을 때도 있다. 하나님께서 우리의 삶에서 원하시는 것은 체험의 삶이 아니라 하나님 중심의 삶이다. 어떤 사람은 "우리 속에 있었던 불을 다시 지피고 싶은데 그렇게 되지 않습니다"라고 말하며 비통해한다. 그러나 그럴 필요가 없다. 하나님께서는 종종 놀라운 깨달음의 시간들을 우리에게 주셨다가도 그것들을 다시 모두 가져가신다. 그때 우리는 비전 가운데 본 것을, 수고하는 손과 피 흘리는 발로 이루어내야 한다. 이를 이해하는 사람은 많지 않다.

하나님의 언약은 내게 있네. 그러나 나는 그림자와 놀거나 잡초를 뽑기 위해 언약에 서지 못하네. 내가 하는 모든 일이 다 허무하게 무너질 때에야 나는 나의 모든 것을 내려놓네.

chapter 20
주님과의 일치

...
일치는 계시이며 체험을 설명한다. 체험을 측정할 수 있는 기준 계시는 우리 주 예수 그리스도이다.
우리는 자신의 그 어떤 체험보다 예수 그리스도만 무한하게 높여야 한다.

일치는 체험될 수 있는 것이 아니다. 체험보다 훨씬 더 깊은 무한한 차원의 것이다. 일치는 계시이며 체험을 설명한다. 모든 것을 체험이라는 틀에 가두려는 자세에서 나오라. 두 가지를 기억하라. 첫째, 체험은 그 자체가 체험의 원인이 될 수 없다는 점이요, 둘째, 우리의 체험을 측정할 수 있는, 어떤 기준이 되는 계시가 있어야 한다는 점이다.

체험을 측정할 수 있는 기준 계시는 우리 주 예수 그리스도이다. 즉, 체험은 언제나 이 계시까지 쫓아갈 수 있어야 한다. 우리는 자신의 그 어떠한 체험보다 예수 그리스도만 무한하게 높여야 한다.

성육신, 연약해진 말씀, 신神-인人

"말씀이 육신이 되어 우리 가운데 거하시매 우리가 그의 영광을 보니 아버지의 독생자의 영광이요 은혜와 진리가 충만하더라" 요 1:14.

예수 그리스도는 사람이 신이 된 존재가 아니라 하나님께서 사람이 된 분이시다. 주님은 자신의 영광을 비우시고 성육신하셨다. 성육신과 속죄를 절대로 분리시키지 말라. 성육신은 하나님께서 자신을 보여주시기 위함이 아니라 사람이 하나님을 깨닫고 하나님께로 돌아갈 길을 얻게 하기 위함이었다. 예수 그리스도는 이 한 가지 목적을 위해 사람이 되셨다. 그분은 죄를 제거하시고 온 인류로 자신과 하나 되게 하기를 원하셨다. 예수 그리스도는 한 사람의 개인으로 오신 것이 아니다. 그분은 하나님 앞에서 온 인류를 자신의 위격에 포함시키셨다. 즉, 그 위격 안에서 '신-인'이시다.

사람은 이제 그리스도 안에서 하나님께로 들려 올라가게 되었으며 하나님은 그리스도 안에서 내려오실 수 있게 되셨다. 예수 그리스도는 "사람을 본 자는 아버지를 본 자라"고 말씀하지 않으셨다. 주님께서는 자신을 통해 하나님께서 인간의 육신으로 나타났다고 말씀하셨다.

"나를 본 자는 아버지를 보았거늘" 요 14:9.

성육신 사건은 친히 모든 인간들을 통해 하나님의 생명이 나타날 수 있도록 하신 대표적인 사건이었다. 이 뜻을 완성하는 과정에 성육신, 갈보리, 부활 사건이 있다.

일치, 죄가 된 아들, 신神-인人

"하나님이 죄를 알지도 못하신 이를 우리를 대신하여 죄로 삼으신 것은 우리로 하여금 그 안에서 하나님의 의가 되게 하려 하심이라"고후 5:21.

지금 이 내용은 인간이 체험할 수 있는 차원의 것이 아니다. 이 구절은 주님의 체험을 언급하고 있다. 이 계시의 초점은 예수 그리스도께서 우리의 죄악을 대신해 형벌을 당하셨다는 내용이 아니라 "하나님이 죄를 알지도 못하신 자로 우리를 대신하여 죄를 삼으셨다"는 것이다. 곧 예수 그리스도께서 죄와 일치가 되셔서 죄를 제거하셨다는 뜻이다. 따라서 "우리로 하여금 저의 안에서 하나님의 의가 되게 하려" 하신 것이다.

하나님께서는 죄인들로 하여금 주의 성도가 되게 하기 위해 하나님의 친아들을 죄인 되게 하셨다. 성경은 예수 그리스도께서 죄와 일치함으로 세상의 죄를 짊어지셨다고 계시한다. 예수님께서 죄와 일치되신 이유는 세상의 죄를 공감하셨기 때문이 아니다. 하나님의 뜻을 이루기 위해 의도적으로 자신의 생명을 취하셔서 자신의 위격에 인류의 모든 죄를 놓으시고 담당하셨던 것이다. 그렇게 하심으로 주님은 하나님께서 원래 의도하신 대로 인류를 회복시키셨고, 이에 누구든지 주님께서 십자가 위에서 이루신 사역에 근거해 하나님과 연

합할 수 있게 되었다.

침투, 성도가 된 죄인, 신神-인人

"내가 그리스도와 함께 십자가에 못 박혔나니 그런즉 이제는 내가 사는 것이 아니요 오직 내 안에 그리스도께서 사시는 것이라 이제 내가 육체 가운데 사는 것은 나를 사랑하사 나를 위하여 자기 자신을 버리신 하나님의 아들을 믿는 믿음 안에서 사는 것이라"갈 2:20.

위 구절은 바울이 예수 그리스도와 일치가 된 사실을 표현한 구절이다. 예수 그리스도와 일치되어 그의 모든 삶이 바뀌었다. 바울의 삶의 목적은 더 이상 자아 실현이 아니었다. 그의 목적은 오직 그리스도와의 일치였다.

우리는 주님의 평강과 능력에 빠져들게 되고 인간의 언어로는 표현할 수 없는 하나님과의 하나됨을 확신하게 된다. 죄사함을 받아 거룩케 되는 체험은 이 관계에 들어가는 입구일 뿐이다.

일치의 계시는 우리가 하나님의 아들 안에서 하나님과 하나가 되었음을 알려준다. 우리의 순종에 의해 우리가 하나님과 일치되는 것이 아니다. 순종은 이 엄청난 계시에 인간이 접할 수 있는 길일 뿐이다. 우리는 순종과 믿음의 문을 통해 일치에 들어간다. 그러나 이미 하나가 되었다는 사실은 우리가 깨달아야 할 '계시'이다. 우리가 하나님과 접하게 되면 주님과 접하고 있다는 의식마저 사라지게 된다. 우리는 주님의 평강과 능력에 빠져들게 되고 인간의 언어로는 표현할 수 없는 하나님과의 하나됨을 확신하게 된다. 죄사함을 받아 거룩하게 되는 체험은 이 관계에 들어가는 입구일 뿐이다.

예수 그리스도의 자아 실현은 우리의 구속Redemption이다. 구속은 모든 그리스도인들에게 가장 중요한 주제이다. 주님께서 자아 실현을 위해 겪으셨던 과정은 예수 그리스도와 일치될 때 우리도 겪게 된다.

"오직 너희가 그리스도의 고난에 참예하는 것으로 즐거워하라"벧전 4:13.

"주의 어떠하심과 같이 우리도 세상에서 그러하니라"요일 4:17.

"그리스도의 남은 고난을 그의 몸 된 교회를 위하여 내 육체에 채우노라"골 1:24.

우리의 삶에서 우리를 사로잡는 단 한 가지 열정은 주님만 위하는 것이어야 한다.

"오, 그러나 나는 자격이 되지 않는다고 느낍니다."

물론 당신은 자격이 되지 않는다! 아무리 많은 기도와 순종도 당신에게 아무 자격을 줄 수 없다. 오직 당신을 주님의 손에 맡기라. 예수 그리스도의 구속을 통해 당신이 하나님과 하나가 되었다는 계시를 믿으라. 그리고 그 믿음 가운데 당신 자신을 완전히 주께 드려라.

역자 후기

하나님이 부르신 사역자인가?

　기독교 역사를 보면, 사회의 타락은 기독교의 타락과 연관되고 기독교의 타락은 가장 직접적으로 사역자의 타락과 연결되는 것을 알 수 있다. 성경이 말하는 사역자의 타락이란, 그들의 마음이 살아계신 하나님께 있지 않고 자신의 유익과 영광에 있는 것이며 주님을 망각하고 우상을 섬기게 되는 것이다. 구약에서 볼 때 거짓 선지자는 다름 아닌 타종교의 신을 섬기게 만드는 선지자였고, 신약에서 볼 때 거짓 선지자란 주님이 알려주시고 맡기신 복음 대신에 가짜 복음을 전하는 자들이다.

　예수님께서는 마지막 때가 될수록 거짓 선지자들이 더욱 많아지며 그들의 세력이 점점 커지게 될 것이라고 말씀하셨다막 13:6,22. 또한 바울은 적그리스도가 등장하기 전에 세계적인 차원의 교회의 배도가 있을 것을 예언하였다살후 2:3. 따라서 마지막 때가 가까울수록 그리스도인들에게 필요한 것은 주님의 참된 종을 알아보고 거짓 종을 물리치는 일이다.

주의 백성들이 복음을 모르기 때문에 이 땅의 교회들이 배도를 향하고 있다. 진리를 모르기 때문에 거짓 가르침들을 받아들이고 있다. 그래서 그런지 이제는 성경에서 혐오하던 일들이 기독교의 간판으로 버젓이 드러나고 있다. 심지어 거짓 선지자들이 허다한 군중의 지지를 받으며 더 많은 사람들을 계속 미혹하고 있다.

이렇게 영적으로 혼탁한 시대, 거짓 선지자가 난무하는 이때에 오스왈드 챔버스의「하나님께 인정받는 사역자」는 어떤 사람이 바른 사역자인지를 알려준다. 이는 성령의 조명을 통해 영적인 분별력을 가르친다는 말도 된다. 또한 사역자로 부름을 받은 자들에게는 바른 사역자로서 준비할 수 있도록 돕는다. 한편, 주의 부르심에 대해 고민하는 예비 사역자들에게는 주의 부르심의 특성이 무엇인지 성경적인 도움을 통해 정확하게 알게 될 것이다.

지금 이 시대는 사역자들의 성패 기준이 근본적으로 잘못되어 있다. 사람들을 많이 모으고 헌금이 많이 걷히면 사역이 성공한 것으로 본다. 사역자들 사이에도 이러한 사상이 팽배해 있어서 어떤 수단을 쓰더라도 '목회 성공'을 추구한다. 그러나 이러한 추구가 결국 거짓 선지자들의 미혹에 빠지게 되는 주된 원인이 된다.

이 책을 번역하면서 사역자인 나 자신이 먼저 큰 도전을 받았다.

오스왈드 챔버스는 철저하게 주 예수 그리스도의 사람이 되어 있지 않으면, 그리고 주님이 자신을 부르지 않으셨다면 사역을 해서는 안 된다고 말한다. 성경의 전문가가 아니라면 사역자가 아니라고 말한다. 특히 복음이 무엇인지 정확하게 알지 못한다면 절대로 사역자가 되어서는 안 된다고 강조한다.

우리가 이미 출간된 책들을 통해 잘 알 수 있듯이, 오스왈드 챔버스는 탁월한 영적 통찰력을 가지고 있다. 그가 주 예수 그리스도를 향해 가졌던 사랑과 헌신은 너무나 깊고 강했다. 그는 주님과의 완전한 일치됨을 향해 평생을 살았던 사역자였다. 그러한 귀한 사역자의 입에서 나온 '목회자관'이기에 이 책은 더욱 신뢰가 간다. 더구나 철저한 성경적, 복음적 관점에서 우리에게 큰 교훈과 분별력을 주고 있다.

이 책이 한국 교회의 많은 목회자들에게 읽혀지기를 기도한다. 또한 거짓 선지자를 분별하고 바른 사역자를 존귀히 여기기를 원하는 모든 성도들에게 읽혀지기를 원한다. 그래서 주님의 모든 백성들이 이 마지막 때에 하나님의 나라를 세우게 되기를 기도한다.

스데반 황

오스왈드 챔버스 시리즈 06

하나님께 인정받는 사역자

1판 1쇄	2009년 10월 20일
1판 5쇄	2015년 1월 15일
2판 2쇄	2023년 8월 25일

지은이	오스왈드 챔버스
옮긴이	스데반 황
발행인	조애신
편집	이소연
디자인	임은미
마케팅	전필영, 권희정
경영지원	전두표

발행처	도서출판 토기장이
주소	서울시 마포구 동교로 71-1 신광빌딩 2F
출판등록	1998년 5월 29일 제1998-000070호
전화	02-3143-0400
팩스	0505-300-0646
이메일	tletter77@naver.com
인스타그램	togijangi_books_

ISBN 978-89-7782-351-8

- 이 책은 저작권 법에 따라 보호를 받는 저작물이므로 무단 전재와 무단 복제를 금합니다.
- 이 책의 전부 또는 일부를 이용하려면 반드시 저자와 도서출판 토기장이의 동의를 받아야 합니다.

도서출판 토기장이는 생명 있는 책만 만듭니다.
"우리는 진흙이요 주는 토기장이시니 우리는 다 주의 손으로 지으신 것이니이다" (이사야 64:8)